Für andere einschlägige Hundebücher aus
dem Albert Müller Verlag verlangen Sie
bitte den Gratiskatalog

FREDERICK REITER

# So erzieht man seinen Hund zum Hausgenossen

Mit 11 Federzeichnungen von E. Nofziger
und 111 Photographien von Emerich C. Groß
auf Kunstdrucktafeln

SIEBENTE AUFLAGE

ALBERT MÜLLER VERLAG
RÜSCHLIKON-ZÜRICH · STUTTGART · WIEN

Berechtigte Übersetzung aus dem Amerikanischen, besorgt von Marie Luise Droop
Titel des amerikanischen Originals: „You Train Your Dog"
© Copyright 1952 in the United States of America by Frederick Reiter
Die auf den Kunstdrucktafeln wiedergegebenen Photographien hat das
„Gaines Dog Research Center" freundlicherweise zur Verfügung gestellt

29. bis 38. Tausend 1974
Nachdruck, auch einzelner Abschnitte und Bilder, verboten. Alle Rechte vorbehalten
ISBN 3 275 00290 2. Printed in Switzerland
© Albert Müller Verlag, AG, Rüschlikon-Zürich, 1954, 1971

# Inhalt

# Einleitung

Wenn wir an den Hund denken, tauchen sofort vor unserem geistigen Auge eine ganze Reihe abgenützter Redensarten auf wie: „Des Menschen bester Freund", „Das einzige Lebewesen, das bis ans Ende treu bleibt", „Die einzige Liebe der Welt, die sich kaufen läßt", und weiter in dieser Tonart. Alle rühmen übereinstimmend das engelhafte, stets verläßliche, unseren Beifall heischende Verhalten des Hundes.

Doch wenn du in einem schwachen Augenblick nachgibst und selbst zum erstenmal der Besitzer eines solchen, noch unerzogenen vierbeinigen Wunders der Anhänglichkeit wirst, stehst du wahrscheinlich plötzlich im Mittelpunkt eines Wirbelwinds. Vermutlich wird der „verläßliche Gefährte" unentwegt versuchen, dir zu entwischen und nach Kindern, Katzen und andern Hunden schnappen. Wenn du Pech hast, wird das engelhafte Wesen kläffen wie nicht gescheit. Anstatt auf deinen Beifall erpicht zu sein, wird es seinen Tätigkeitsdrang auf die Zerstörung deines Heims und der Polstermöbel richten, und die einzige Anerkennung, die du als sein „Herrchen" findest, wird dann darin bestehen, daß der „treue Kamerad", wenn die Kaulust ihn überkommt, deinen Schuhen den Vorzug vor allen andern Schuhpaaren gibt. Ganz sicher wird sich dein „bester Freund" mit wahrem Feuereifer bemühen, dir den Arm aus dem Schultergelenk zu drehen, sobald du dich mit ihm auf die Straße wagst. Und eines Tages wird er dich wohl zwingen, den Tierarzt um zwei Uhr morgens aus dem Bett zu holen, weil sein Magen ausgerechnet diese Stunde gewählt hat, um den Knochen, die Holzsplitter, die Garnrolle oder das Gummistück loszuwerden, die er in den drei Minuten verschluckt hat, in denen er sich so unheimlich still verhielt.

Beschert dir das Schicksal einen solchen Hund, so hast du von ihm wahrscheinlich innerhalb von drei Tagen über und über genug. Du wirst dich als das Opfer der Schlagworte fühlen, die von Hundezüch-

Vorher!

tern und Tierhändlern in die Welt gesetzt worden sind, um Geld zu
verdienen.

Es gibt nun zwei Möglichkeiten; entweder du versuchst den Quäl-
geist, der dich während zweiundsiebzig Stunden an den Rand des
Wahnsinns gebracht hat, loszuwerden, um so den verlorenen Seelen-
frieden wiederzufinden, oder du entschließt dich, die Angelegenheit
so oder so durchzustehen, unbeschadet der Mühe und der Kosten.

Nicht wenige deiner Leidensgenossen verfallen auf den ersten Ausweg. Die Hundezüchter und Tierhändler verübeln es niemand, wenn
er einen Welpen zurückbringt. Sie geben natürlich das Geld nicht
wieder her, das für ihn bezahlt worden ist. Sie verlieren auch keine
Stunde ihres guten Schlafs, denn sie wissen, es wird sich bald ein
neuer Käufer einstellen. Sie haben es gar nicht nötig, nach Käufern
zu suchen; denn drei mächtige Werber setzen sich dauernd für sie ein,
die sie nie im Stich lassen: Das Märchen von des „Menschen bestem
Freund“, die Unwiderstehlichkeit des Hundeblicks und das beklemmende Gefühl der Einsamkeit, das Millionen von Menschen mit sich
herumschleppen.

Nachher!

Wählst du den zweiten Weg, das heißt, stählst du dich für die Aufgabe, die dir dein neuer Hausgenosse stellt, so wirst du dich wahrscheinlich zunächst ratsuchend an andere Hundebesitzer oder einen Tierarzt wenden und außerdem eine Handvoll Bücher anschaffen. Dies wird dich einige Zeit beschäftigen und dein Hoffnungsflämmchen eine weitere Woche schüren; doch danach wird dir klar geworden sein, daß niemand Zeit und Rat für deine Sorgen hat. Tierärzte sind ausgezeichnet, wenn es gilt, einen kranken Hund wieder auf die Beine zu bringen, aber einen gesunden brav machen, das können sie nicht, denn das fällt nicht in ihr Fach. Die andern Hundebesitzer werden dir bedeuten, daß du selbst die Schuld am Benehmen deines Hundes trägst: „Jeder hat den Hund, den er verdient!" Die Hundebücher werden dir in mehr oder weniger verständlicher Sprache sagen, an welchem Ende des Hundes du ziehen oder drücken mußt, wenn du willst, daß er ein Bringsel apportiert oder über Hürden springt, aber nicht, wie du ihn davon abhältst, die Nylonstrümpfe der Damen zu zerreißen oder Zigarettenstummel aufzulesen und zu verschlucken.

Doch laß den Kopf nicht gar zu sehr hängen! Wenn du diesen

Punkt erreicht hast, ist das Schlimmste bereits überstanden. Du hast gelernt, daß niemand dir bei der Erziehung deines Hundes helfen kann oder will, und daß nur du, du allein, dazu berufen bist, diese Aufgabe zu lösen. Damit bist du ihr aber auch gewachsen und reif für dieses Buch, das dir zeigen soll, wie man einen Hund zum folgsamen Hausgenossen erzieht. Dagegen ist darin nicht von der Abrichtung und Dressur von Dienst- und Schutzhunden die Rede; denn das sind Dinge, mit denen der einfache Hundefreund nichts anfangen kann und die ihn auch gewöhnlich gar nicht interessieren.

# ERSTER TEIL

# Die Grundlagen der Hunde-Erziehung

## 1. Das Verhältnis zwischen Mensch und Hund

Seit Urzeiten hat der Mensch mit fast allen Geschöpfen des Tierreichs Fühlung gehabt. Einiger mußte er sich erwehren, weil sie seine Feinde waren, andere tötete er um ihres Fleisches, ihrer Häute, ihres Pelzes oder ihrer Zähne willen. Wieder andere zähmte er, als er entdeckte, daß sie ihm nützlich waren; aber nur ein Geschöpf machte er zu seinem Freund – den Hund.

Es hält nicht schwer, sich vorzustellen, wie der Höhlenmensch zu seinem Gefährten kam. Entweder wurde ihm klar, daß Hunde, die sich in der Nähe der Höhle aufhielten, in begrüßenswerter Weise zur Beseitigung des Abfalls beitrugen, oder er entdeckte, daß sie sich als Jagdhunde zum Niederrennen des Wildes ausnutzen ließen. Vielleicht waren sie ihm auch durch ihr Gebell willkommene Warner bei der Annäherung eines Feindes. Es war der entscheidende Tag, als zum erstenmal ein Wurf Welpen am Höhleneingang zur Welt kam; sie wuchsen bereits mit dem Wissen auf, daß der Mensch ein wohlwollender Herr ist, und daß es sich gut mit ihm leben läßt.

Man kann mit ziemlicher Sicherheit annehmen, daß der Hund nur kurze Zeit brauchte, den Menschen zu erobern. Die Berichte von Hunden, die ihr Leben für ihren Herrn dahingaben, und von Herren, die ihre Hunde höher schätzten als ihren ganzen übrigen Besitz, gehen bis auf die ersten Anfänge des Schrifttums zurück. Eine uralte Legende drückt in ihrer poetischen Weise am besten aus, was den Hund von den andern Tieren unterscheidet: Bald nach der Schöpfung sprang eine Kluft quer über die ganze Erde auf. Der Mensch blieb auf der einen Seite, die Tierwelt auf der andern. Diese Trennung vom Menschen schien die Tiere nicht zu stören; alle blieben unberührt davon – bis auf den Hund. Er wimmerte kläglich und lief auf und ab, einen

Weg hinüber suchend. Zuletzt sah es der Mensch und bemerkte den flehenden Blick in seinen Augen. „Komm", rief er. Da sprang der Hund, aber die Kluft war für ihn zu breit. Er erreichte die andere Seite nur mit den Vorderpfoten und hing dort, vergeblich sich abmühend, hinaufzugelangen. Der Mensch streckte die Hand aus und half dem Hund, sicher an seine Seite zu kommen. „Du sollst für immer und ewig mein Gefährte sein", sagte er.

Seitdem ist das Leben des Menschen manchem Wechsel unterworfen gewesen. Heute findet man immer seltener Hunde, die nur ihrer Nützlichkeit wegen gehalten werden. Unter den zwanzig Millionen Hunden in den Vereinigten Staaten gibt es nur relativ wenige Gebrauchshunde: Jagdhunde, Blindenführer, Wachhunde, Schutzhunde, Sanitätshunde und Schlittenhunde. Bei weitem die Mehrheit wird nur aus einem einzigen Grunde gehalten: Kameraden ihrer Herren zu sein, Gegenstand ihrer Zuneigung und, als Entgelt dafür, anhängliche Gefährten. Das müssen wir im Auge behalten, wenn wir die Ziele festlegen, die mit der Erziehung des Hundes erreicht werden sollen.

## 2. Der Hundeverstand

Der Hund hat seine einzigartige Stellung als des Menschen bester Freund nicht durch den Einfallsreichtum der Dichter oder die überströmende Begeisterung der Tierfreunde gewonnen. Er verdankt sie zwei Eigenschaften, die ihn von allen andern Tieren unterscheiden – seiner Intelligenz und seinem Charakter. Die lange Erfahrung mit ihm hat uns einen tiefen Einblick in Verstand und Gemüt des Hundes verschafft. Aber soweit die exakte Wissenschaft reicht, ist das Feld, das der Tierpsychologe beackert, eng begrenzt. Hunde, die, in Lattenkisten verladen, ihren neuen Besitzern zugestellt wurden, sind zu ihren alten Herren zurückgekehrt. Hunde, die von Eigentümern am alten Wohnort zurückgelassen wurden, sind ihnen über Hunderte von Meilen nachgewandert, als würden sie von magnetischen Kräften gelenkt. Wie ist ihnen das gelungen? Wir kennen die Antwort nicht.

Die Nase des Hundes ist scharf, wie die Leistungen von Spürhunden beweisen. Sein Gehör ist ausgezeichnet und erfaßt Töne, die weit über unserem eigenen Hörvermögen liegen. Sein Gesichtssinn ist weniger scharf als das menschliche Auge. Wenn du dich deinem Hund mit Gegenwind näherst und nicht deine gewöhnliche Kleidung trägst, bellt er, bis er dich an deiner Stimme, deinem Schritt oder deiner Witterung erkennt. Dennoch ist er höchst begabt in der Wahrnehmung jedweden Gegenstandes, der sich in Bewegung befindet. Über seinen Geschmacks- und Tastsinn wissen wir wenig. Wahrscheinlich spielen diese Sinne in seinem Leben keine bedeutende Rolle.

Dafür fällt seiner Nase eine um so beherrschendere Rolle zu, die sich nur mit der Rolle vergleichen läßt, die das Auge in unserem eigenen Dasein spielt. Wie wir die Dinge betrachten, von denen wir Kenntnis nehmen wollen, so beschnüffelt sie der Hund. Ärgere dich deshalb nicht, wenn seine Nase während eurer Spaziergänge am Boden klebt. Er sucht nicht etwa Mäuse oder alte Knochen, er genießt nur ganz einfach den Geruchspfad wie du die Aussicht.

Höchst fesselnd ist das Studium des Hundecharakters. Man kann seine Intelligenz durch sinnreiche Methoden messen und sogar eine Intelligenzprüfung mit ihm abhalten, aber zu einem gerechten Urteil über seine Fähigkeiten wird man nur gelangen, wenn man Gemüt und Verstand des Hundes gleichermaßen in Betracht zieht.

Zwei Fähigkeiten sind bei ihm höchst entwickelt: Er hat ein ausgezeichnetes Gedächtnis und eine scharfe Beobachtungsgabe. Man sagt, daß ein Elefant niemals etwas vergißt; nun, ein Hund tut das auch nicht. Jahrelang erinnert er sich an bestimmte Töne, Anblicke und Gerüche.

Jeder Hundekenner weiß, wie scharf der Hund beobachtet. Mit einer Genauigkeit, die an Eingebung grenzt, findet er heraus, ob du nun mit deiner Arbeit aufhörst und Zeit für ihn hast, oder ob du traurig bist und getröstet werden solltest durch eine sanfte Schnauze, die zart an deine Hand stößt.

Dem Gedächtnis und der Beobachtungsgabe hat die Natur noch eine hochentwickelte Fähigkeit zur Herstellung von Gedankenverbindungen hinzugesellt. Ein Dutzend verschiedener Geräusche gehen, ohne Eindruck zu machen, am Hund vorüber; aber kaum hört er das Knacken des Kühlschranks oder das Klirren von Schlüsseln, so ist er schon auf den Beinen, schwanzwedelnd. Die aufgehende Kühlschranktür bedeutet möglicherweise Fressen, das Klirren der Schlüssel vielleicht einen Spaziergang mit dir, und der Schwanz, dieses „Pendel des Herzens", wie ein Dichter ihn genannt hat, nimmt das kommende Vergnügen voraus.

Dennoch kann der Hund weder denken, noch eine Schlußfolgerung ziehen, wenigstens nicht im Sinne abstrakter logischer Gedankenketten. Er kann nicht unterscheiden, ob etwas gut oder böse ist; er lernt nur durch Erfahrung und Beobachtung, daß dies oder jenes erfreulich oder unerfreulich für seinen Herrn ist und daher Lob oder Tadel zur Folge hat.

Er ist auch unfähig, die menschliche Sprache zu verstehen. Wenn ein gut erzogener Hund gewisse Befehle zu verstehen scheint, so nur, weil er durch Beobachtungen, die in seinem Gedächtnis haften geblieben sind, und durch damit zusammenhängende Gedankenverbindungen zum Beispiel weiß, daß der besondere Laut „Fuß" eine bestimmte Forderung seines Herrn enthält, die nämlich, ihm beim Gehen dicht zur Seite zu bleiben. Gestützt auf die Erfahrung, daß etwas Unerfreuliches geschehen wird, wenn er dem Befehl widerstrebt, gehorcht er.

Er kann sogar richtige Entschlüsse fassen unter Umständen, die für ihn völlig neu sind, und er zeigt einen hohen Grad von Klugheit in der Art, wie er ihnen begegnet. Der Hund, der entdeckt, daß das Haus brennt, läuft nicht davon, zum Hause hinaus, wie der Selbsterhaltungstrieb ihm dringend anrät. Statt dessen stürzt er in das Schlafzimmer seines Herrn und setzt ihn durch Gebell von der drohenden Gefahr in Kenntnis. Hunde haben Kinder vor dem Ertrinken bewahrt, ohne jemals vorher in einer ähnlichen Lage gewesen zu sein.

Es mag sein, daß andere Tiere bei wissenschaftlichen Testen, die angeblich die Intelligenzquote eines Tieres darlegen, besser abschneiden als er. Aber kein anderes Tier übertrifft den Hund, wenn man seine Verstandesarbeit als Ganzes betrachtet. Wenn er auch unsere Sprache weder benutzen, noch ihre Laute in Vorstellungsbilder übersetzen kann, so versteht er uns trotzdem und vermag seinen eigenen Gefühlen und Wünschen auf vielerlei Art Ausdruck zu geben. Er deutet deinen wechselnden Gesichtsausdruck, den Blick deiner Augen und die Bewegungen deines Körpers, und er deutet sie erstaunlich richtig. Er verfügt selbst über eine ganze Skala von Tönen. Jeder Hundebesitzer kennt die fast stimmliche Färbung der verschiedenen Hundelaute. Da gibt es ein Protestgebell wie auch eine Herausforderung zum Kampf; da gibt es ein flehendes, freudiges, tränenvolles, sehnsüchtiges, warnendes Bellen, um nur einige seiner Lautgebungen zu nennen. Es gibt ein Winseln, ein Wimmern, ein Heulen und Knurren. Die wechselnde Haltung des Schwanzes entspricht einer ganzen Tonleiter von Gemütsbewegungen, ebenso wie die Haltung des Körpers, das Sträuben der Haare längs der Wirbelsäule, der Ausdruck des Gesichts, der Augen, die Stellung der Ohren und Lippen. Man kann ohne Übertreibung sagen, daß es kaum einen Zoll seines Körpers gibt, der kein lebendiger Ausdruck seiner Regungen wäre.

Der Hund bleibt aber ein Tier und sollte nicht nach menschlichen Maßen beurteilt werden. Jeder Versuch, ihn zu vermenschlichen, dessen sich gefühlsselige Menschen und Schriftsteller gern schuldig machen, tut ihm Zwang an und ist fehl am Platz. Gemessen an der richtigen Norm für das Verhalten eines Tieres, ist der Hund höchst geeignet, des Menschen treuer Gefährte zu sein und sein Leben zu teilen. Aus diesem Grunde eignet er sich in idealer Weise für jede seine Wesensart berücksichtigende Erziehung.

### 3. Was läßt den Hund gehorchen?

Was man gewöhnlich die „Anhänglichkeit des Hundes an seinen Herrn" nennt, ist in Wirklichkeit eine ganze Gruppe von Gefühlsregungen. Sie enthält nicht nur Hingabe, sondern auch Bereitschaft zur Unterordnung und die Begierde, einen starken Willen über dem eigenen zu spüren. Dies hat der Hund zu bieten zum Entgelt für Schutz, Nahrung und Obdach in dem zehntausendjährigen Kameradschaftsvertrag, den er mit dem Menschen geschlossen hat. Ob du von seinen großherzigen Gaben den richtigen Gebrauch machst, hängt einzig und allein von dir selbst ab. In seinem Herzen und Gemüt fließt ein breiter Strom guten Willens und der Bereitschaft, sich allen Wünschen zu fügen, die du äußern magst. Du brauchst nichts anderes zu tun, als diesen Strom in sein richtiges Bett zu lenken. Bei keinem andern Tier fändest du jemals eine so gediegene Grundlage für eine Erziehung zum Gehorsam.

„Aber warum benehmen sich die meisten Hunde so ungesittet und sind so unfolgsam?" wirst du jetzt fragen.

Die Antwort ist vielleicht nicht schmeichelhaft. „Es ist die Schuld ihres Besitzers", würde ich sagen. „Der Hund ist von sich aus bereit, dein Recht zur Führung anzuerkennen und sich dir unterzuordnen.

Aber er kann aus dir keinen Gebieter machen, wenn du dir nicht vornimmst, es zu sein. Das ist deine Aufgabe!"

Mit andern Worten: Niemand bekommt einen Hund mit eingeimpftem Gehorsam. Die Grundlage ist da. Darauf aufzubauen, ist Sache des Herrn. Viele Besitzer werden von ihrem Hunde geliebt, aber nicht als Herr geachtet. Wenn dir an der Achtung deines Hundes liegt, mußt du ihn deine Überlegenheit fühlen lassen und darfst ihn nie aus deinem Willensbereich entlassen. Hier hast du den ersten der beiden Pfeiler, auf denen alles Erziehungswerk beim Hunde beruht: Die Macht deines Willens, dem sich der seine fügt. Hast du diese Macht über ihn, so wird er tun, was du von ihm verlangst.

Natürlich mußt du auch wissen, wie du ihm deine Wünsche am besten mitteilst. Damit sind wir beim zweiten Tragpfeiler seiner Erziehung: Du mußt dich mit dem Hund verständigen können.

Die Hunde verstehen unsere Sprache nicht. Wohl vernehmen sie Laute und können die einzelnen Laute nach ihrer Klangfärbung unterscheiden. Aber das Wort an sich, das in der menschlichen Sprache einen Begriff darstellt, ist für den Hund bar jeden Sinnes. Darum kannst du ihn nicht belehren, indem du bloß mit ihm sprichst.

Andererseits wissen wir, daß er ein scharfer Beobachter ist. Das gibt uns die gewünschte Gelegenheit, unseren Befehl zu verdeutlichen, indem wir uns an seine Sinne wenden und ihm dazu verhelfen, eine Gedankenverbindung herzustellen, aus der dann sein Verstehen aufblitzt. Dadurch, daß wir den gleichen Befehlslaut unter den gleichen Umständen dauernd wiederholen, zusammen mit stets gleichbleibenden erläuternden Gebärden oder Sichtzeichen, erreichen wir schließlich den Punkt, wo der Hund auf den an ihn gelangenden Befehl sofort eingeht. Wissenschaftlich gesprochen, sind seine Reflexe dann auf das spezifische Hörzeichen abgestimmt.

Beispielsweise ist eine der ersten Übungen, die gelehrt wird: „Sitz." Wenn du deinem Hund aber gegenüberstehst und nur das Wort: „Sitz" sagst, wird er niemals verstehen, was von ihm verlangt wird, auch wenn du noch so laut brüllst. Darum fügen wir dem Befehl, den er ja nur als Hörzeichen aufnimmt, eine für ihn fühlbare Erläuterung hinzu. Wir drücken sanft seine Kruppe nieder und zwingen ihn so zu einer sitzenden Stellung. Dadurch, daß wir ihn in dieser Stellung einige Sekunden festhalten, machen wir ihm klar, daß es das ist, was wir von ihm mit diesem Hörzeichen verlangen. Eine weitere Bestätigung findet er im Lob, das wir ihm im Falle des Gehorsams spenden, oder im Tadel, wenn er aufspringt, ohne daß es ihm erlaubt worden ist. Man braucht das nicht öfter als drei- oder viermal zu wiederholen, um in seinem Hirn die Gedankenverbindung zwischen dem Hörzeichen „Sitz" und der Bewegung des Niedersitzens herzustellen. Hörzeichen und erläuternde Gebärde, dazu Lob oder Tadel haben die Schaltung erreicht. Er „versteht" unsere Sprache noch immer nicht. Aber dieser Laut hat nun eine ganz besondere Bedeutung für ihn gewonnen, und auf diese Weise „versteht" er ihn und uns.

In gleicher Weise wird er noch andere Befehle als Hörzeichen lernen. Selbstverständlich ist seiner Gelehrigkeit eine Grenze gesetzt. Nicht jedes Wort wird für ihn zum Hörzeichen. Doch die Grenze ist weiter gesteckt, als man gewöhnlich annimmt. Meine Schäferhündin Loba beherrscht vierzig Hör- und Sichtzeichen. Ich kenne Hunde, die das doppelte Pensum gemeistert haben.

Um das Gesagte auf einen Nenner zu bringen:

1. die Willensüberlegenheit, die der Besitzer über seinen Hund gewinnt und festhält;

2. die richtige Verständigung mit dem Hunde geben die Antwort auf die Frage, wie aus einem von Natur aus eigenwilligen Geschöpf ein folgsamer Hund wird.


## 4. Der Erzieher bist du

Du wünschst dir einen gut erzogenen Hund und suchst für die Aufgabe den besten verfügbaren Erzieher. Recht hast du, ich stimme mit dir überein und freue mich, dir seinen Namen verraten zu können: *Du* bist es.

Jetzt schüttelst du gewiß den Kopf und sagst mir, daß ich im Irrtum sei; du hättest noch niemals einen Hund erzogen und keine Erfahrung mit Tieren. Das mag schon sein. Dennoch behaupte ich, daß niemand besser geeignet ist, deinen Hund zu erziehen, als du selbst. Du bist sein Herr und damit dasjenige menschliche Wesen, das der Sinn seines Lebens und der Mittelpunkt seines Daseins ist. Wie kannst du glauben, daß ein Fremder dich je zu ersetzen vermag?

Du brauchst vielleicht eine technische Anleitung, wie du deinen Hund zu erziehen hast. Du wirst sie sorgfältig lesen und über den

Bildern brüten müssen, um den Kunstgriff zu lernen, der den Erfolg verbürgt; aber diese Kenntnis ist leicht erworben, und du hast einen Vorteil für dich, den niemand sonst mit dir teilt: Dein Hund liebt dich.

Ich will dir nicht einreden, daß die Erziehung des Hundes mit einer Zauberformel zu bewältigen ist. Du wirst die Lehrgänge mit ihm durchkämpfen müssen, bis er deine Autorität und dein Führerrecht voll anerkennt. Du wirst die Übungen ständig wiederholen müssen, bis er fertig ausgebildet ist, und damit er sie nicht vergißt. Aber für wen sonst würde er so gern arbeiten? Auf wessen Beifall würde er je so erpicht sein? Nach wessen Liebkosungen verlangen?

Es ist heute allgemein bekannt, daß der Besitzer der beste Erzieher seines Hundes ist. Dieser Grundsatz ist in Tausenden von Fällen mit Erfolg erprobt worden. Sei sicher, daß die meisten Besitzer eines folgsamen Hundes zuvor nicht mehr über ihn und seine Erziehung wußten als du. Was andere konnten, das kannst du auch.

Es gibt manch ein Buch, dessen Titel dir eine genaue Anleitung zur Erziehung deines Hundes ankündigt. Doch wenn du es aufschlägst, findest du Bilder von schwierigen Dressurprüfungen, und der Text mutet dir zu, deinen Hund zu hochwertigen Leistungen zu bringen, die deine Bedürfnisse weit übersteigen. Ich versichere dir, daß das vorliegende Buch nichts enthalten wird, was du deinen Hund nicht selbst lehren kannst. Beherzige dabei, daß nur du deinen Welpen erziehen kannst. Ich sage dir aber auch ehrlich, daß die großen öffentlichen Leistungsprüfungen einen Schliff bei dir und dem Hunde voraussetzen, den zu erlangen nicht zu den Zielen dieses Buches gehört, weil die technischen Feinheiten, die dabei erstrebt werden müssen, ohne jeden Wert für die große Mehrheit der Hundebesitzer sind, die sich keinen Diensthund wünschen, sondern einen braven Hausgenossen.

Wenn du diesen Wunsch hegst, so liegt die Erfüllung in deiner Hand: Du selbst erziehst deinen Hund.

### 5. Rezepte gibt es leider nicht

Wenn man mein eigenes Verfahren der Hunde-Erziehung mit den Methoden der üblichen Abrichtungsbücher vergleicht, wird man es zunächst vielleicht schwieriger und verwickelter finden. Es wäre natürlich ein leichtes für mich, die Übung in die eine Spalte zu setzen und die Anweisung, wie sie vorzunehmen ist, in die andere.

Wenigstens würde es übersichtlicher erscheinen, solange man sich mit dem Lesen begnügt. Aber sobald man anfängt, praktisch mit dem Hunde zu arbeiten, würde man seine Meinung ändern. Das System der Rezepte funktioniert nicht. Hunde sind Einzelwesen. Sie reagieren verschieden. Ebensowenig sind auch nur zwei Herren einander gleich. Auch wenn beide mit den gleichen Vorschriften anfangen, endet es damit, daß jeder sie auf seine Art auslegt.

Ich denke dabei — um nur einen Fall anzuführen, dessen ich mich deutlich entsinne — an eine Dame, die mit ihrem jungen Dobermannpinscher zu mir kam. Unter dem Arm trug sie eines der genannten Abrichtungsbücher. „Bilden Sie die Hunde nach diesem Buch aus?" fragte sie mich mißtrauisch. Ich verneinte. Daraufhin erklärte sie rundheraus, daß das Buch nichts tauge. Genau nach Vorschrift habe sie versucht, ihren Hund zum Sitzen zu bewegen, aber immer wenn sie auf seine Kruppe drücke, fahre er hoch und schnappe nach ihrer Hand. Sie gab mir eine anschauliche Darstellung des Gesagten, und tatsächlich sprang der Dobermann ihr förmlich ins Gesicht. Es dauerte eine halbe Stunde, bis wir endlich die Lösung des Rätsels fanden. Wir stellten fest, daß der Hund vor einiger Zeit geimpft worden war; der Tierarzt hatte ihm dabei die Nadel hinterrücks ins Gesäß gejagt. Diese Erfahrung hatte den Dobermann argwöhnisch gegen jede Handbewegung gemacht, die auf sein Hinterteil abzielte. Ganz folgerichtig sprang er beiseite und schnappte nach der Hand, die offensichtlich den gleichen Angriff plante, dessen Opfer er schon einmal gewesen war. Wir fanden rasch einen Ausweg, indem wir ihm das „Sitz" dadurch beibrachten, daß die Herrin sich ihm gegenüber aufstellte, anstatt neben ihm. Auf diese Weise konnte der Hund beobachten, daß sich die weisende Hand der Herrin leer seinem Rücken näherte, also nichts Böses gegen ihn im Schilde führte. So gewann er sein Vertrauen zurück.

Das Buch bot für einen Fall wie diesen keinen Rat und hatte nur zur Verwicklung beigetragen, weil das Tier durch die Beharrlichkeit seiner Herrin in einen Zustand der Raserei geraten war.

Rezepte sind vortrefflich, wenn es sich um leblose Dinge handelt. Willst du zum Beispiel wissen, wie Kekse herzustellen sind, so brauchst du bloß das entsprechende Backrezept aufzuschlagen. Du nimmst soundsoviel Mehl, Milch, Zucker und Eier, und jeder Fachmann kann dir voraussagen, wie sich diese Teile in einer bestimmten Mischung bei einer bestimmten Temperatur verhalten werden. Je sorgfältiger du das Rezept befolgst, desto besser werden die Kekse ausfallen. Doch bei einem Tier, also einem Lebewesen von höchster Feinfühligkeit, kannst du nie voraussagen, wie es sich verhalten wird, ohne daß du es selbst, seinen Herrn und die fraglichen Umstände kennst. Wenn du da einem starren System von Vorschriften folgst, kann das nicht nur zu einem Fehlschlag führen, sondern sogar zu Schlimmerem, wie das Beispiel des Dobermannpinschers lehrt.

Man gibt dir ja auch kein Rezept in die Hand, wenn du einen Kraftwagen lenkst. Niemand würde es einfallen, dir jede Handbewegung vorzuschreiben, wenn du an eine Verkehrskreuzung kommst. Es könnte ja auch niemand voraussagen, welche Umstände du in diesem Augenblick antriffst. Man gibt dir nur die allgemeinen Verkehrsregeln mit auf den Weg, die zu beachten sind. In ihrem Rahmen hast du die Entschlüsse zu fassen, zu denen die Umstände dich zwingen.

Aus diesem Grunde erwarte man von mir keine Rezepte. Statt dessen will ich versuchen, die allgemeinen Grundsätze zu erklären, sogar auf die Gefahr hin, so hochtönende Worte wie Tierpsychologie gebrauchen zu müssen. Um auf den Dobermann zurückzukommen: Es genügt nicht, dir einfach vorzuschreiben: „Drücke auf die Kruppe.“ Vor allem mußt du wissen, daß du deinem Hund mitzuteilen hast, was der Befehl „Sitz“ bedeutet, und daß du, wenn die eine Form der Mitteilung nicht einschlägt, eine andere versuchen mußt, bis du die richtige Form herausgefunden hast. „Richtig“ bedeutet dabei nicht, was das Buch richtig nennt, sondern was dein Hund verstehen kann.

Um einen gar nicht seltenen Fallstrick zu erwähnen: Dutzende von Hunden gehen nicht auf Sichtzeichen ein. Überempfindliche, spielfreudige kleine Bürschchen nehmen sie als Vorwand, die Hand zu packen, die die Bewegung ausführt, oder einen Indianertanz aufzuführen. Das Buch rät kühl: „Verwende als Sichtzeichen einen Schlag an dein Bein.“ Aber jedesmal, wenn du es versuchst, beginnt dein Hund mit dir Karussell zu spielen. Kennst du aber den Grund für das Sichtzeichen, so wirst du es mit einer weniger einladenden Geste vertauschen, die nicht mißzuverstehen ist, oder ein zusätzliches Hörzeichen geben, um ans Ziel zu gelangen.

Ich werde mich bei den verschiedenen Erziehungsaufgaben und Lehrgängen allerdings nicht damit begnügen, zu sagen: „Dies ist die übliche Methode, sieh zu, was du daraus machst." Ich werde dir, nach achtundzwanzigjähriger Lehrerfahrung mit Hunden, all die kleinen Kniffe und Hilfsstellungen verraten, aus denen ich selbst Nutzen gezogen habe. Häufig werde ich erwähnen, für welchen Hundetyp diese oder jene Methode wahrscheinlich die geeignetste ist. Du mußt den Grund für alles wissen, was du zu tun hast. Doch *wie* du es zu tun hast, kann ich dir nicht angeben; denn wenn ich auch tausend Hunde ausgebildet habe, deinen Hund kenne ich nicht. Du selbst mußt entscheiden, wie du dich am besten mit deinem Hund verständigst und ihm Gehorsam beibringst. Wenn alle angeführten Sichtzeichen und Hilfen nichts fruchten sollten, dann ist es an dir, dein Köpfchen anzustrengen und auf Grund meiner Ratschläge etwas Neues zu erfinden. Du mußt ergründen, wie der Verstand deines Hundes arbeitet, und wie du ihn beeinflussen kannst, immer bedenkend, daß du vor einem Lebewesen stehst und nicht vor einem Automaten. Bei der Erziehung des Welpen wie bei den Lehrgängen für den erwachsenen Hund gibt es nur einen Weg, der zum Ziel führt: Bring deinen Hund dazu, daß er versteht, was du von ihm willst, und dann bring ihn dazu, daß er es tut.

### 6. Was soll dein Hund lernen?

Bevor du mit der Erziehung und den Lehrgängen beginnst, laß uns zuerst über unser Ziel klar werden.

Ob du in einer Großstadt lebst oder auf dem Lande, ob in einer Mietswohnung oder in einer Vorortvilla, ob du einen kleinen Cocker Spaniel oder einen schneidigen Boxer dein eigen nennst, immer wirst du wünschen, daß er sich gut beträgt. Jedenfalls ist mir noch kein Hundebesitzer begegnet, der in erster Linie von seinem Liebling verlangt, daß er verlorene Gegenstände aufspürt oder ein Bringsel apportiert oder über die Hürde springt. Es ist wahr, daß manche Hundefreunde in Begeisterung geraten, sobald sie entdecken, wieviel Vergnügen es macht, einen Hund zu dressieren, und wie der Hund es genießt, für den Herrn zu arbeiten. Aber das sind relativ wenige, die von sich aus in der Ausbildung fortfahren und schließlich vielleicht die stolzen Besitzer eines Siegers der Leistungsprüfung sein werden.

Die meisten Hundehalter tragen jedoch kein Verlangen nach solchen sportlichen Taten. Sie wollen nichts als einen folgsamen Hund. Ihr Wunsch beschränkt sich darauf, daß ihr Hund sich so reibungslos wie möglich in den Tagesablauf fügt, sich im Hause und auf der Straße löblich benimmt und den wenigen Befehlen, die das Alltagsleben erheischt, gehorsam Folge leistet. Sie stehen unter dem Eindruck, daß ein „dressierter Hund" gleichbedeutend mit einem Zirkushund sei. Sie wollen ihn nicht dressiert, sie wollen ihn nur brav.

Die meisten Bücher, die diesen Gegenstand behandeln, sind mit Hinblick auf die Leistungsprüfungen geschrieben und nicht für das tägliche Leben. Anstatt sich auf den Grundgehorsam zu verlegen, der das Anliegen von 99 Prozent aller Hundebesitzer ist, zielen sie auf die Diplome und Titel ab, die bei den Leistungsprüfungen zu gewinnen sind. Irgendwie gelingt es ihnen, zu verschleiern, daß die Erziehung zum folgsamen Hund ein einfaches Unterfangen sein sollte und sein kann. Das Ergebnis: Diese Bücher entmutigen den Leser. Nur zu leicht gewinnt er die Überzeugung, daß er, wenn er wirklich die beklemmende „Dressur" zum Springen, Apportieren und Fährtensuchen auf sich nehmen soll, besser die ganze Sache von vornherein aufgibt.

Einige führen die Gebrauchsfähigkeit des voll ausgebildeten Hundes ins Feld. Sie behaupten, daß eine vollständige Dressur seinen Nutzen erhöht. Auch dies ist ein Märchen. Laßt uns ganz ehrlich sein! Wie viele halten sich einen Hund zum Gebrauch? Für Millionen ist der Hund nichts als der liebenswerte Kamerad. Er ist ihnen ein Gegenstand ihrer Zuneigung, und sie freuen sich über seine Anhänglichkeit.

Darum wird dieses Buch nur von dem handeln, was ich stets als wichtigste Voraussetzung für ein harmonisches Zusammenleben mit dem Hund betrachtet habe, nämlich den grundsätzlichen Gehorsam. Dazu brauchst du keine äußere Hilfe. Der Erzieher deines Hundes bist du selbst. Jede einzige Übung, die dieses Buch enthält, kannst du als Lehrmeister durchführen. Dabei unterscheiden wir zwischen drei Dingen: Der Belehrung des Welpen, der Erziehung oder Abrichtung des Junghundes und der eigentlichen „Dressur", mit der wir uns gar nicht beschäftigen.

## 7. Der leichteste Weg: Belehrung des Welpen

Wenn du mit einem Anhänger der Hundedressur sprichst oder in einem Buche blätterst, das diesen Gegenstand behandelt, wirst du zwangsläufig den Eindruck gewinnen, es gäbe nur eine Lehrmethode, dem Hund Manieren beizubringen. Dies ist alles andere als wahr.

Die Hundedressur im eigentlichen Sinne des Wortes wurde in den meisten Ländern erst spät eingeführt, bei uns in Amerika z. B. erst 1935. Niemand wird leugnen können, daß es schon vor diesem Zeitpunkt überall Millionen wohlgesitteter und folgsamer vierbeiniger Haushunde gab. Es muß also schon vorher eine Erziehungsmethode gegeben haben, ohne daß man sich einer „Dressur" bediente.

Zur Zeit unserer Eltern und Großeltern unternahm niemand eine ausgeklügelte Erziehung des Hundes. Es wurde allgemein angenommen, daß ein Welpe innerhalb weniger Monate von selbst zu einem manierlichen Hunde heranwüchse. Er konnte sich gewöhnlich frei bewegen, und indem er seiner Natur folgte, wurde er durch Irrtum und Strafe stubenrein. Mit ein paar Befehlen und einem gelegentlichen Klaps wurde er über die wenigen Gebote guten Hundebenehmens belehrt. Ich glaube fast, es wurde von ihm erwartet, selbst herauszufinden, was für ihn recht und was unrecht war. Sogar heutzutage wächst noch mancher Hund auf dem Lande in gleicher Weise auf.

Wieso müssen also die heutigen Hunde durch schematisierte Dressur beherrschen lernen, was sie sich Jahrhunderte lang sozusagen von selbst angeeignet haben? Hat sich irgend etwas Wichtiges in der Hundenatur geändert? Oder haben die Hunde einen Vorzug eingebüßt, den ihre Vorfahren noch besaßen? Ich glaube es nicht. Noch heute gibt es erstaunlich folgsame Hunde, die nie eine förmliche Ausbildung erhalten haben. Dicht vor meiner Nase habe ich dafür drei vortreffliche Beispiele. Das eine ist ein englischer Setter, der einem Arzt gehört, das zweite ein kleiner Cocker-Spaniel, den ein Geschäftsmann sich hält, das dritte ein Schäfer-Bastard im Besitz eines jungen Mannes. Diese drei Tiere haben die Hörzeichen „Fuß" und „Bleib da" nie vernommen. Dennoch sind alle drei so vollkommen zuverlässig, daß ihre Herren sie selten an der Leine führen, selbst beim Überschreiten der Straße nicht. Wenn die Hunde sich im Park tummeln dürfen, bringt ein Pfiff sie zurück, und eine Handbewegung genügt, damit sie ihrem Herrn dicht an der Seite bleiben.

Wie sind diese Hunde belehrt worden? Die Antwort ist ganz einfach: Durch die gleichen erprobten und bewährten Methoden, die unsere Großväter befolgten, um ihren Hunden Gehorsam beizubringen, durch einen sehr natürlichen, schmerzlosen Prozeß, den ich „Erziehung" nennen will im Gegensatz zur förmlichen, regelgebundenen „Dressur". Diese Erziehung besteht nicht aus verwickelten Vorschriften, sie beruht nur auf zwei wesentlichen Bedingungen:

1. Beginne mit der Belehrung des Welpen vom ersten Tag an.

2. Beschränke dich auf das Notwendigste; es ist auch am leichtesten zu lehren, weil jeder Tag Gelegenheit zur zwanglosen Unterweisung bietet.

Die Bedingungen sind an sich leicht, jedoch infolge unserer Lebensgewohnheiten, besonders in den Großstädten, schwer zu erfüllen. Die Straßen von heute laden nicht gerade zu ausgiebigen Spaziergängen ein. Die Hundebesitzer haben wenig Zeit für ihre Lieblinge. Dazu kommt noch der vielerorts bestehende Leinenzwang. Infolgedessen kann der Hund nur noch selten wie früher einfach dadurch belehrt werden, daß er frei mitläuft. Ein solcher Hund wird niemals den gesunden Schreck erfahren, der Waldis kleines Herz durchbebte, als Herrchen ein paar Schritte voraus war und um die Ecke zu verschwinden schien. Er wird niemals auf sich selbst achten lernen, weil er von seinem ersten Spaziergang an ständig geführt worden ist.

Dennoch ist auch noch heute das Anerziehen guten Benehmens möglich, wenn man damit in der Kindheit des Hundes beginnt. Nicht alle können sich dazu entschließen, weil es Mühe und Zeit kostet. Doch der Lohn für Mühe und Zeit kann gar nicht hoch genug eingeschätzt werden. Einige Monate aufmerksamer Fürsorge und Anleitung, das ist dein ganzer Einsatz. Und sieh, was er dir einbringt. Schmerzlos und ohne Ausgaben, nur durch Belehrung, gewinnst du dir einen vortrefflichen, zuverlässigen Gefährten, der in den zehn, zwölf Jahren seines Daseins dein guter Kamerad sein wird, ohne dir jemals einen Anlaß zum Kummer zu geben. Es ist wahrlich der Mühe wert.

Ich weiß sehr wohl, daß manch ein Hundebesitzer versagt, daß er nicht durchhält während der so wichtigen Hundekindheit, in denen das Tier leicht belehrbar ist. Mangel an Zeit, Mangel an Raum und menschliche Schwäche sind die Gründe des Mißlingens, selbst in Fällen, wo die Absichten ursprünglich die besten waren. Der Welpe wächst wild auf, nichts geschieht, und in einem Alter, wo er schon längst auf dem Wege sein sollte, der wohlerzogene Gefährte zu sein, ist er seiner Umgebung eher lästig als lieb.

An diesem Punkt muß dann die regelrechte „Erziehung" und „Abrichtung" einsetzen, methodisch, beharrlich und gut geleitet. Es ist die einzige Möglichkeit, den Hund gefügig zu machen und zu verhindern, daß er zum schwierigen Problem wird. Wie ich bereits hervorhob, bedeutet „Abrichtung" in diesem Fall kein ein- oder zweijähriges Training, sie besagt nicht, daß du deinen Hund als zitternden Prüfungskandidaten zu Leistungsprüfungen schleifst und dir Sorgen machst wegen so hochgeschraubter Anforderungen wie Bringselapport und Hindernissprünge. „Abrichtung" bedeutet in diesem Sinne nichts als die Erziehung zu grundsätzlichem Gehorsam. Jeder Hundebesitzer muß sich darüber klar werden, daß etwas nicht stimmt, wenn sich der Hund im Alter von zwölf Monaten nicht seinem Willen unterordnet, an- oder abgeleint; nur ist es durchaus nicht immer der Hund, bei dem etwas nicht stimmt, eher ist es der Herr. Ihn trifft die Schuld, wenn er seinen Liebling nicht erzogen, sondern verzogen hat.

Diese Erziehung ist einfach. In zwei bis drei Monaten kann jeder Hund das Abc guten Benehmens lernen.

### 8. Die Anschaffung eines Hundes

*Welche Rasse ist die beste?* Dies ist die erste Frage, die sich der künftige Hundebesitzer stellt. Unter mehr als 100 anerkannten Hunderassen kannst du wählen. Die Größe reicht vom zweieinhalb Pfund schweren Chihuahua bis zur großen DeutschenDogge und zum Bernhardiner, die rund fünfzigmal so viel wiegen. Der Verschiedenheit im Äußeren entspricht die Verschiedenheit der Charaktere.

Alle diese Rassen gehören der gleichen Gattung an; jeder Hund läßt sich mit Erfolg erziehen. Doch nur wenn du die richtige Auswahl triffst, hast du auch den richtigen Gefährten, der treu dein Leben in den zehn bis zwölf Jahren, die ihm bemessen sind, teilt und verschönt. Welche Rasse ist nun die beste?

Willst du meine Antwort auf diese Frage hören, so ist diejenige die beste, die den besonderen Umständen deines Lebens entspricht. Unter den zahlreichen Spielarten findet sich eine für jeden nur denkbaren

Zweck. Du mußt dich nur entscheiden, ehe man dich in eine Tierhandlung oder zu einem Züchter schleppt, wo du dann das Opfer eines Paars flehender Welpenaugen wirst. Die Wahl eines Hundes ist wahrhaftig keine Sache sentimentaler Anwandlung, sondern kühler und sorgfältiger Erwägung.

Eine größere Rasse braucht mehr Raum, mehr Nahrung und mehr Bewegung als eine kleinere, eine lebhafte, ungestüme, spielfreudige mehr Lebensraum und mehr Beschäftigung als eine ruhige und gesetzte. Auch das Haarkleid spielt eine bedeutende Rolle. Langhaarige Rassen brauchen öfters ein Bad und eine gründliche Säuberung, und einige, wie Terrier und Pudel, müssen von Zeit zu Zeit getrimmt oder geschoren werden.

Andererseits gibt es viele kleinwüchsige Rassen, die sich vortrefflich in den beschränkten Raum einer Stadtwohnung schicken, ohne Herrchen aus seinem Wohnzimmer zu verdrängen. Einige Rassen gedeihen auch dann, wenn sie verhältnismäßig wenig Bewegung haben, andere verlangen sehr viel mehr.

Manche Rassen liefern vorzügliche Wachhunde, andere wiederum die reizendsten Spielgefährten für Kinder.

Es hat wenig Zweck, sich bei einem Züchter einer bestimmten Rasse Rat zu holen. Schon wegen seiner Vorliebe würde er es für seine Pflicht halten, dich für „seine" Rasse zu gewinnen. Ebenso bist du verraten und verkauft, wenn du deine Anregung aus einem Buch schöpfst, das sich nur mit einer Rasse beschäftigt. Ehe du das letzte Blatt umgewandt hast, schwörst du auf diese. Am besten tust du daran, dir ein Buch zu beschaffen, das in sachlicher Weise alle Rassen schildert*). Dann besuche die eine oder andere Hundeausstellung und sieh dir die verschiedenen Hunde an. Beobachte ihr Verhalten, sprich mit den Züchtern.

Bist du soweit, so erwäge noch einmal sorgfältig Vor- und Nachteile einer jeden Rasse und triff nun die Entscheidung, die sich stets auf Tatsachen gründen und deinen Wünschen gerecht werden muß.

---

*) Wir möchten den Lesern für diesen Zweck die in unserm Verlag erschienene „Neue Hundekunde" von Prof. Dr. Eugen Seiferle empfehlen, die als Wegweiser für Hundefreunde viele Rassen in Wort und Bild sachlich bespricht. Ein ähnliches Ziel verfolgt das gleichfalls bei uns erschienene Werk „Die Hunde der Welt" (Müllers Großes Hundebuch) von Dr. Erich Schneider-Leyer. Es umfaßt ca. 400 bekannte und weniger bekannte Hunderassen. Die 240 wichtigsten werden im Bild gezeigt. Daneben finden wir in jedem Fall Herkunft, Kennzeichen, Eigenschaften und Verwendung aufgezeichnet. Prospekte auf Wunsch kostenlos. Anm. d. Verlags

*Welches Alter ist das beste?* Unzählige Male bin ich schon gefragt worden, was vorzuziehen sei, ein Welpe, ein Jungtier oder ein ausgewachsener Hund. Nach meinem Dafürhalten gibt es darauf nur eine Antwort: Der Welpe. Wenn man den Hund haben will, den man sich wünscht, soll man ihn im Alter von zwei bis drei Monaten erwerben.

Ich gebe ohne weiteres zu, daß nicht alle mir in diesem Punkt beipflichten werden. In einer Zeit, wo alles fabrikfertig und griffbereit gekauft wird, wird niemand gewillt sein, sich unnötige Lasten aufzuerlegen. „Warum sollen wir uns die Mühe mit der Aufzucht eines Welpen machen, wenn man einen halb oder ganz erwachsenen Hund kaufen kann, der nur halb soviel Mühe macht?" wendet man ein.

Ich will nicht leugnen, daß es Geduld und Aufopferung erfordert, einen Welpen aufzuziehen. In diesem frühen Alter muß er täglich viermal gefüttert werden. Das bedingt eine Menge Arbeit. Viele würden diese Arbeit zwar nicht scheuen, aber der Welpe macht noch größere Mühe: Er ist noch nicht stubenrein, er muß erst dazu erzogen werden.

Zugegeben, das ist keine ganz leichte Aufgabe. Doch wenn du meine Ratschläge befolgst, hat du in spätestens zwei Wochen einen zu 95% stubenreinen Welpen, und damit hast du einen wahren Triumph eingeheimst. Denn nicht nur hast du dein Hündchen zu einem sauberen Hausgenossen gemacht, du hast außerdem seinem kleinen Hirn eine noch wichtigere Erkenntnis eingeprägt – die Tatsache nämlich, daß du sein Herr bist, und daß er sich deinen Wünschen unterzuordnen hat. Du hast ihm damit nicht nur die erste Regel braven hundlichen Verhaltens eingepflanzt, sondern auch die Grundlage für das richtige Verhältnis zwischen Hund und Herrn gelegt, worauf alle künftige Erziehung beruht. Liegt dir also an einem Hund, und möchtest du an seinem Besitz Freude haben, so wirst du nichts gegen meine Behauptung einwenden können: Der erzielte Erfolg ist das Opfer einer zweiwöchigen Mühe wert.

Nun wirst du verstehen, warum ich den Grundsatz, lieber einen kleinen Welpen ins Haus als einen halb oder ganz ausgewachsenen Hund, mit solchem Feuereifer vertrete. Bis zum Alter von zwei Monaten ist der Welpe ein ziemlich unkompliziertes kleines Wesen: Er frißt, spielt, verdaut und schläft. Aber vom dritten bis zum sechsten Monat beginnt sich sein Charakter zu formen: Die Art der Reaktion auf Reizwirkungen, sein Standpunkt gegenüber dem Leben. Urteile

selbst, was aus einem Welpen wird, der diese entscheidenden Monate
seiner Entwicklung im Hundezwinger verbringt. Er wird aufwachsen, ohne zu wissen, was es bedeutet, einen Herrn zu haben, der für
ihn da ist, und für den er da ist. Bestenfalls wird er vernünftig gefüttert werden und anständig untergebracht sein; doch das genügt nicht.
Er wird in dieser Umgebung nicht stubenrein, weil er niemals in eine
Stube kommt. In seinem Hirn wird sich die Überzeugung einnisten,
daß jeder Platz ein guter Platz ist, seine Bedürfnisse zu befriedigen.
Du wirst den Hund dann in einem Alter an Stubenreinheit gewöhnen
müssen, wo Unarten nicht so leicht zu ändern sind, und die ersten
Wochen in deinem Hause werden weder für dich noch für ihn erfreulich sein. Was das für die Liebe und das Vertrauen bedeutet, die er
seinem Herrn entgegenbringen soll, brauche ich nicht zu erklären.

Noch schädlicher wirkt sich der Mangel an Berührungspunkten mit
der Außenwelt aus. Der Welpe formt seine Vorstellung vom Leben
nach den Eindrücken, die er in den Wachstumsmonaten empfängt.
In einem Hundezwinger ist das Gitter die Grenze der Welt. Beobachte
einmal einen dort groß gewordenen Hund, wenn der neue Besitzer
ihn abholt und – meist zum erstenmal in seinem jungen Dasein – aus
der Geborgenheit des Zwingers hinausführt. Viele Hunde überwinden
diesen Schock niemals und werden schüchtern oder bleiben für immer
scheu.

Der Welpe sollte die wichtigen Monate seiner Hundekindheit, während sich sein Weltbild formt, im Heim seines Herrn verbringen. So
früh wie möglich sollte der Herr in dieses Bild eingeschlossen werden;
der Tagesablauf in deinem Heim wird dann zum natürlichen Rhyth-
mus im Leben deines Hundes. In deiner Hand liegt es, zu verhindern,
daß er schlechte Gewohnheiten annimmt. Die Erziehung zur Stubenreinheit belehrt den Welpen über die Bedeutung von Lob und Tadel.
Er wird mit dem klaren Verstehen aufwachsen, daß „gut" ist, was dir
gefällt, und „böse", was deine Mißbilligung hervorruft. Er wird
kommen lernen, wenn du ihn rufst, weil sich das bei jeder Mahlzeit
und jedem Spaziergang wiederholt. Schon sein Selbsterhaltungstrieb
wird ihn zum Gehorsam anleiten, weil er sich von dir abhängig fühlt.
Ganz zwanglos werden ihm während seines Wachstums alle Erzie-
hungsgrundlagen beigebracht, die Befehle und die Verbote. Er wird
sich ohne Schwierigkeit an die beschränkte Freiheit des Stadtlebens
gewöhnen, an den Verkehr, den Lärm, die dahingleitenden Fahrzeuge.

Sehr richtig sagt ein deutsches Sprichwort: „Die Natur macht den Welpen, doch der Mensch macht den Hund."

*Wie man seine Wahl trifft.* Leider wissen die meisten künftigen Hundebesitzer so gut wie nichts vom Hund. Immer wieder stellt man mit Erstaunen fest, daß sich selbst gewiegte Geschäftsleute, die kein Haus kaufen würden, ohne sich mit einem Architekten zu beraten, auf ihre eigene Eingebung verlassen, wenn sie sich einen Hund anschaffen wollen. Ein geschicktes Inserat, ein ansprechend aufgezogener Prospekt oder der Tip eines Bekannten genügt, um sie kauflustig zu machen. Die Ergebnisse sind danach.

Leider gibt es auch keine amtliche Stelle, bei der man fachmännischen Rat einholen könnte. So tust du am besten daran, nach einem Hundekenner Ausschau zu halten und ihn zu bitten, dich zum Züchter zu begleiten. Vielleicht wird auch der Ratschlag, den ich dir gebe, dich vor Irrtümern bewahren.

Ich fasse hier zusammen, was beim Kauf eines Welpen wichtig ist:

a) Überlege dir genau, welche Rasse du bevorzugst. Laß dich durch einen drolligen Hund nicht verlocken. Wähle einen, den du magst, und der nicht mehr Zeit beansprucht, als du ihm widmen kannst.

b) Wenn du dich zu einer bestimmten Rasse entschlossen hast, ziehe Erkundigungen über den Züchter ein. Bevorzuge einen Zwinger in deiner Nachbarschaft. Es ist nämlich möglich, daß du den Rat des Züchters noch einmal brauchst. Besuche ein paar Hundeausstellungen und beobachte die Bewertung „deiner Rasse". Sprich mit den Züchtern, versuche dir eine Vorstellung von den wichtigen Rassemerkmalen zu machen.

c) Kaufe nicht von Fremden und ohne nähere Besichtigung auf brieflichem Wege, selbst wenn das Inserat noch so verlockend klingt. Kaufe nicht in Tierhandlungen, auch wenn die Augen der Welpen dich noch so flehentlich durchs Schaufenster anschauen. Kein Züchter von Ruf verkauft seine Würfe durch eine Tierhandlung.

d) Bitte einen Hundekenner, dich zu begleiten und dir bei der Wahl eines Welpen behilflich zu sein.

e) Wenn du niemand findest, so bestehe darauf, daß der Züchter dir die Hundemutter vorführt, wenn möglich auch den Rüden. Schau dir die Elterntiere genau an, und achte auf etwaige Fehler des Körperbaus und Schattenseiten des Temperaments. Triff deine Auswahl aus den Welpen, die dir zutraulich entgegenkommen, und lehne diejenigen ab, die vor dir wegrennen oder in einem Winkel schmollen.

f) Laß dir niemals einen Welpen aufdrängen, der weniger als acht Wochen als ist. Bestehe auf sofortiger Einsicht in den Stammbaum. Folge den Anweisungen des Züchters in Bezug auf Fütterung, Vitamine und Entwurmung. *)

g) Laß den Welpen gleich am ersten Tag vom Tierarzt untersuchen, hebe dir dessen Visitenkarte auf und befestige sie in der Nähe des Fernsprechers. Es kann sein, daß du seine Hilfe einmal eilig brauchst.

*Gesichtspunkte beim Kauf eines Junghundes.* Kaufe einen fünf bis zehn Monate alten Junghund nur, wenn du die nötige Zeit für ihn aufbringen kannst, oder wenn du die Mühe scheust, die mit der Aufzucht eines Welpen verknüpft ist. Selbstverständlich ist ein Hund dieses Alters teurer; der Züchter will seine Auslagen ersetzt und seine Arbeit bezahlt haben. Wer einen Junghund erwirbt, muß jedoch einen scharfen Blick für mögliche Charakterfehler haben.

Wohlgemerkt, ich will damit nicht behaupten, daß Hunde dieses Alters, die aus Zwingern kommen, irgendwie bösartig sind. Reingezüchtete Hunde lassen sich nicht bis zu diesem Grad verderben. Aber viele Hunde sind mit seelischen Schwächen behaftet, so daß du dich bei der Wahl nicht auf dein Glück verlassen darfst. Untersuche die Tiere auf Zeichen von Schüchternheit, von Scheu, von ungeselligen oder gar bösartigen Neigungen. Jeder dieser Mängel wäre bei einem kleinen Welpen ernst genug, aber richtig behandelt, legt das Bürschchen seine Schüchternheit ab, wohingegen ein halb erwachsener Hund einen solchen Charakterzug kaum mehr verliert. Wie ich schon betonte, hindert die Aufzucht im Zwinger – auch in einem guten – sehr oft eine gesunde seelische Entwicklung.

Vergiß auch nicht, daß der Wechsel der Umwelt einen kleinen Welpen kaum berührt. Binnen achtundvierzig Stunden hat er sich an sein neues Heim gewöhnt. Halb erwachsene Hunde, insbesondere solche, die mehr als sechs Monate als sind, leiden oft sehr unter dem Wechsel.

---

*) Diese Dinge behandelt das bei uns erschienene Buch „Die Aufzucht junger Hunde nach natürlichen Methoden" von Juliette de Bairacli-Levy, einer bekannten englischen Züchterin, das sich in der Praxis sehr bewährt hat. Anm. d. Verlags

Ihnen ist der Zwinger bereits zur Heimat geworden. Sie werden sich längst nicht so schnell wie ein Welpe an die veränderte Umgebung gewöhnen.

Es besteht auch die Gefahr, daß der Junghund durch Nachahmung anderer Hunde im Zwinger schlechte Sitten angenommen hat. Ich beobachtete einmal einen Wurf von sechs Welpen aus einer schönen, aber scheuen Hündin. Im Alter von zwei Monaten waren sie alle ziemlich scheu. Stets rannten sie bei der Annäherung eines Fremden davon und bellten ihn dann aus dem entferntesten Winkel ihres Zwingers an. Vier von diesen sechs wurden früh an Privatleute verkauft, und alle vier verloren ihre Scheu und wurden fast normal, wenn sie auch noch immer sehr empfindlich waren. Die zwei jedoch, die im Zwinger bei ihrer Mutter blieben, wurden so scheu, daß sie nicht einmal auf Ausstellungen gezeigt werden konnten.

Halte dir immer vor Augen, daß ein Junghund im Gegensatz zu einem kleinen Welpen kein unbeschriebenes Blatt mehr ist, sondern eher eines, worauf sehr viel gekritzelt, gemalt, mit Schablone geschrieben und wieder ausradiert worden ist, oft mehr, als du jemals zu entziffern vermagst.

Im allgemeinen gilt für die Wahl eines halbausgewachsenen Hundes der gleiche Rat wie für die Anschaffung eines Welpen. Nur geh noch sorgfältiger vor. Hast du einen Hund gewählt, so prüfe sein Temperament. Bestehe darauf, mit ihm und dem Züchter mindestens einen Spaziergang in der nächstgelegenen Stadt zu unternehmen. Beobachte ihn auf einer Autofahrt, bei einem Besuch im Laden. Achte auf sein Verhalten bei einer Begegnung mit Fremden oder mit andern Hunden. Entdeckst du auch nur die geringsten Zeichen von Bösartigkeit in seinem Temperament, so lehne ihn ab, auch wenn dir sein Aussehen noch so sehr gefällt.

Einen letzten Rat: Sei dir klar darüber, daß du mit der Erziehung des Hundes beginnen mußt, sobald er sich an sein neues Heim gewöhnt und dich ins Herz geschlossen hat. Wie ich bereits sagte, wird dir ein kleiner Welpe rasch sein Vertrauen schenken und dein unbestrittenes Recht auf Führung anerkennen, so daß er mit einfachen Mitteln zu belehren ist. Mit einem halb erwachsenen Hund muß man anders umgehen. Hier ist nur die methodische Erziehung zum Gehorsam angebracht. Zwischen dem Hund und dir haben sich nicht die zarten Bande bilden können, die nur bei der Aufzucht entstehen. Auf diese innere

Beziehung gestützt, stellt sich deine Autorität über den Welpen fast von selbst her. Das Verhältnis, das sich zwischen dir und dem Hund entwickelt, der halb erwachsen in deine Hände kommt, ist anders. Mit der Zeit wird auch er dich lieben lernen. Aber nur mit der Liebe, die seinem Alter entspricht. Dem Hundekind bist du fast die Mutter. Blindlings und ohne inneres Schwanken nimmt er dich an. Dem halb oder ganz erwachsenen Hund kannst du nichts anderes sein als – der Herr. Doch um sein wirklicher Herr werden zu können, mußt du ihn erziehen.

*Anschaffung eines ausgewachsenen Hundes.* Was ich über den Junghund sagte, gilt natürlich erst recht für den erwachsenen. Doch wie steht es, wenn man einen bereits abgerichteten Hund gekauft hat? Wer die Bequemlichkeit liebt, mag vielleicht denken, daß er allen Schwierig-keiten aus dem Wege geht, wenn er sich einen fertig abgerichteten Hund anschafft. Wäre dem wirklich so, so hätten wir einen blühenden Handel mit abgerichteten Hunden. Doch ein Hund ist kein seelen-loser Mechanismus. Du kannst ihn sein Lehrpensum nicht abschnur-ren lassen, indem du gleichsam auf einen Knopf drückst. Auch ein ausgebildeter Hund arbeitet nur für *eine* Person – seinen Herrn. Zuwei-len mag er mehrere Herren haben, zum Beispiel die Mitglieder einer Familie. Aber die Tatsache seines Verkaufs ist für ihn keine Veran-lassung, den Käufer als seinen neuen Herrn anzuerkennen. Er wird nicht für ihn arbeiten, jedenfalls nicht ohne intensive Neuausbildung. Das bedeutet, daß er nutzlos ist, wenn du nicht die Mitwirkung seines bisherigen Erziehers gewinnst. Wenn er das Tier nicht auf deine Per-son umzustellen vermag, oder wenn es dir nicht gelingt, den Hund an dich zu fesseln und zum Gehorsam zu bringen, ist deine Lage mit der eines Menschen zu vergleichen, der ein schnittiges Auto kauft, zu dem man ihm den Zündschlüssel nicht mitliefert.

Einige Zwinger von Ruf bieten in der Tat abgerichtete Hunde zum Verkauf an. Wenn du genug Zeit erübrigen kannst, um an Ort und Stelle zu erlernen, wie du mit ihm umzugehen hast, und wenn du mit ihm unter Mitwirkung seines bisherigen Führers ausgiebig übst, kommst du vielleicht ans Ziel. Aber es wird weder leicht noch billig sein, es zu erreichen.

Zusammenfassend sei gesagt:

1. am ratsamsten ist es, sich einen zwei bis drei Monate alten Wel-pen anzuschaffen. Er läßt sich am leichtesten erziehen;

2. das nächstbeste ist ein Junghund von fünf bis zehn Monaten. Achte auf Schattenseiten des Temperaments. Erziehe ihn zum Gehorsam, sobald er sich an dich gewöhnt hat;

3. noch mehr Vorsicht ist beim Ankauf eines erwachsenen Hundes am Platz. Auch er muß nach einer gewissen Zeit des Vertrautwerdens systematisch erzogen werden;

4. der Kauf eines abgerichteten Hundes bedeutet noch lange nicht, daß du dir Mühe ersparst, und ans Ziel kommst du nur, wenn du dir die Mithilfe des bisherigen Erziehers sicherst.

# ZWEITER TEIL

# Die Belehrung des Welpen

## 1. Seelenkundliches über Besitzer und Welpen

Die Anschaffung eines Welpen gleicht dem Beginn einer Liebesbeziehung; selbst Menschen, die sonst genau wissen, was sie wollen, werden von ihren Gefühlen überwältigt.

Wenn du das wollige kleine Pelzknäuel über deine Schwelle trägst, wird dir zumute sein, als hättest du einen Kloß im Hals. Du hast ein kleines Schuldgefühl, weil du ihn seiner Mutter weggenommen hast, und du bist bereit, diese „Grausamkeit" dadurch wettzumachen, daß du ihm all die Freiheiten gewährst, die er sich deiner Meinung nach wünscht, einschließlich eines warmen Plätzchens in deinem Bett. Alles spricht dafür, daß du ihn auf diese Weise schnell und gründlich verziehst, wenn, ja, wenn die Natur nicht selbst für ein Sicherheitsventil gesorgt hätte.

Sobald nämlich das süße Hündchen einen deiner Lieblingsplätze in deinem blitzsauberen Heim beschmutzt, geht ein erstaunlicher Wandel mit dir vor. Du fühlst dich tief gekränkt. Wenn das all der Dank ist, mit dem dieser kleine Racker dir deine Liebe vergilt, dann tust du besser daran, ihm auf der Stelle gute Manieren beizubringen. So bekommt er seine erste Abreibung. Doch kaum ertönen seine verzweifelten Schreie, da überwältigt dich schon das Mitleid. Du armes verlassenes Kerlchen, sagst du zärtlich, komm her; es ist alles wieder gut und wird nie mehr vorkommen! Eitel Frieden herrscht in der nächsten Stunde. Dann wiederholt sich der Auftritt, und mit deiner Gefühlsseligkeit ist es vorbei. Die Liebesgeschichte ist aus, du stehst auf dem Boden der nüchternen Tatsachen, und du mußt versuchen, mit ihnen fertig zu werden.

Die Notwendigkeit, den Welpen zur Stubenreinheit zu erziehen, ist kein Übel, sondern ein Segen für den neuen Besitzer, weil sie ihn zwingt, mit der Belehrung des Welpen schon am ersten Tag zu beginnen. Stubenreinheit, ob du es nun anerkennst oder nicht, ist die Voraussetzung aller weiteren Erziehung: Deine Aufgabe besteht ja nicht nur darin, dem Welpen die Gebote der Sauberkeit klarzumachen, du bringst ihn damit auch auf den Weg guten Hunde-Betragens, der für dich wie für ihn in die glücklichen Gefilde einer wohlgeordneten, harmonischen Lebensgemeinschaft münden wird.

Es ist mir unbegreiflich, daß es in den zahllosen Abrichtungsbüchern stets unterlassen wird, den neugebackenen Hundebesitzer auf den Zusammenhang zwischen Stubenreinheit und aller künftigen Erziehung hinzuweisen. Alle Erörterungen über die Frage, wann man mit der Belehrung des Welpen beginnen soll, werden damit gegenstandslos. Die Erziehung zur Stubenreinheit beginnt am ersten Tag, und sie ist schon eine Belehrung.

Vor allem sollten wir uns stets daran erinnern, daß der kleine Kerl seine „Weltanschauung" nach den Erfahrungen, Beobachtungen und Eindrücken formt, die täglich auf ihn einstürmen. Was du verbietest oder was du zuläßt, das wird zu einem Bestandteil seiner Erfahrungen, nach denen er sich richtet. Jetzt ist es noch leicht, ihn so zu formen, wie du ihn haben willst.

Leider können sich auch unerwünschte Eindrücke seinem Gedächtnis einprägen. Darum soll die Behandlung des Welpen weniger gefühlsbedingt als vernunftgemäß sein. Wenn du ihn zu dir ins Bett nimmst oder ihm erlaubst, an dir emporzuspringen, so impfst du ihm den Glauben ein, daß diese Vorrechte zu einem geordneten Hundedasein gehören. Später wirst du ihm die lästigen Sitten abgewöhnen müssen, deren Entstehen du erlaubt hast; es ist also für beide Teile besser, sie gar nicht erst aufkommen zu lassen.

Eine gewisse Gefahr erwächst dir auch aus der Neigung, die Gefühle des Welpen zu vermenschlichen und ihn „wie ein Kind" zu behandeln. Versuche dich davon zu überzeugen, daß ein Welpe nichts vermißt, was er niemals besessen hat.

Auf der andern Seite bewirkt ungebührliche Strenge, daß er das Vertrauen zu dir verliert. Klapse und Prügel könnten zu einer dauernden Furcht vor deiner Hand führen.

Liebe auf den ersten Blick

## 2. Ziele und Grenzen

Es ist wohl überflüssig, hervorzuheben, daß der Welpe nicht das Hirn und die Reife eines voll erwachsenen Hundes hat. Folglich müssen wir seine Belehrung auf das absolut Notwendige beschränken und auf die Regeln, die seinen Instinkten entgegenkommen. Im allgemeinen wird unser Lehrplan mehr Verbote als Befehle umfassen. Es wird unser Hauptziel sein, den Welpen dahin zu bringen, daß er sich dem Leben in unserem Heim harmonisch anpaßt, und zu verhindern, daß er statt einer Freude eine Plage wird. Mit andern Worten, wir werden ihm all das einprägen, das er um so leichter lernt, je früher es ihm beigebracht wird, jene Verhaltungsmaßregeln, die einem älteren Hund so schwierig eingehen, zum Beispiel, nicht an einem Menschen hochzuspringen, nicht zu bellen, wenn er allein gelassen wird, nicht an Teppichen und Schuhen zu nagen.

Wie seine älteren Brüder lernt auch der Welpe durch Beobachtung und Gedankenverbindung. Wir müssen also einige wenige und leicht faßliche Befehle anwenden, begleitet von erläuternden Gebärden, sogenannten Sichtzeichen, die nicht mißzuverstehen sind. Wir wenden immer den gleichen Befehl und das gleiche Sichtzeichen für eine bestimmte Belehrung an. Er wird aus allen auf ihn eindringenden Lauten sehr bald seinen Namen heraushören, den du so oft wie möglich

Ernüchterung

nennen mußt. Unser Ausdruck der Mißbilligung ist immer das gleiche „Pfui", ob wir den Welpen nun davon abbringen wollen, Schmutz von der Straße aufzunehmen oder an einem Menschen hochzuspringen.

Da wir genau wissen, daß wir mit allem, was wir tun, sein ganzes künftiges Betragen regeln, müssen wir ihm gegenüber stets gleichbleiben. Wir dürfen nicht heute eine Unart dulden, die wir morgen wahrscheinlich tadeln werden. Solch ein launischer Wechsel in unserem Verhalten würde uns nur um das Vertrauen des Welpen bringen und seine Achtung vor unseren Anordnungen erschüttern. Nur wenn wir sorgfältig sein Vertrauen in uns als seinen Herrn pflegen, erreichen wir, daß ihm die Regeln für Befehle und Verbote durch beharrliche Wiederholung allmählich in Fleisch und Blut übergehen. So werden wir nicht nur ein manierliches Hundekind besitzen, sondern später auch einen verständigen, wohlgesitteten Hund.

### 3. Wie der Welpe zu belehren ist

Wie ein Hund, ob jung oder alt, Gehorsam lernt, ist im ersten Kapitel auseinandergesetzt worden. Die besonderen Ratschläge für die verschiedenen Situationen werden in den folgenden Kapiteln gegeben. Im allgemeinen sind Augen, Stimme und Hand des Menschen die Ausdrucksmittel der Belehrung. Indessen wird einiges von dem, was

dem Welpen eingeschärft werden muß, bei ihm auf Widerstand stoßen, weil es seinen Instinkten zuwiderläuft. Deine Schuhe zu zerkauen, wird ihm zunächst als ein völlig erlaubter Zeitvertreib erscheinen. Ertappst du ihn das erstemal dabei, so wird er kein bißchen
Schuldbewußtsein an den Tag legen. Hier wie bei den meisten Verboten hast du ihm erst klarzumachen, daß er sich auf verbotenen Pfa-
den bewegt. Das muß auf eine drastische Art geschehen. Dein verwei-
sendes „Pfui" und deine mißbilligende Haltung genügen vielleicht
nicht. Brüllst du jedoch, oder drohst du gar, so wird er so verwirrt,
daß er gar nichts begreift, sondern einfach versuchen wird, wegzu-
rennen.

Hier ist die Rolle Zeitungspapier – ein paar Blätter, die durch ein
Gummiband zusammengehalten werden – ein unschätzbarer Helfer.
In einigen wenigen Fällen mag sie sogar als Strafmittel benutzt werden. Wenn du dem Welpen damit eins aufs Hinterteil gibst, wird er
kaum Schmerz empfinden; doch das knisternde Geräusch genügt,
ihm einen heilsamen Schrecken einzujagen. Dennoch empfehle ich,
auch von dieser milden Form der Strafe nur sparsam Gebrauch zu
machen. Nur wenn der kleine Kerl gar nicht auf dich hören will, sich
zum Beispiel hartnäckig gegen die Regeln der Stubenreinheit vergeht,
ist sie angebracht.

Sonst soll die Zeitungsrolle kein Straf- sondern ein Lehrmittel sein.
Will man etwa dem Welpen das Beknabbern der Schuhe austreiben,
so bringt man ihn so nahe wie möglich an den beschädigten Schuh
heran; dann schlägt man den Schuh unbarmherzig mit der Zeitungsrolle. Man wird eine erstaunliche Wirkung auf den kleinen Burschen
erleben. Er wird künftig den gezüchtigten Schuh in weitem Bogen
umgehen, denn in seinem Kopf ist der Schuh deutlich als „gefährlich"
gekennzeichnet.

### 4. Ausstattung

Die Zeitungsrolle ist dein erstes Ausstattungsstück. Sorge dafür,
daß der Welpe sie nicht zwischen die Zähne bekommt. Sie flößt ihm
keine Achtung mehr ein, wenn ihm erlaubt wird, sein Mütchen daran
zu kühlen und sie in Stücke zu reißen.

Die nächstwichtigen Ausstattungsstücke sind Halsband und Leine.
Ich empfehle ein billiges, aber festes Lederhalsband. Kaufe kein

Schmuckhalsband; dein Welpe wird noch verschiedene Halsbänder auswachsen, ehe er reif für ein Dauerhalsband ist. Ein Würge- oder Kettenhalsband kommt für solch ein zartes kleines Geschöpf nicht in Frage. Die Leine sollte aus schmiegsamem Leder sein, anderthalb bis zwei Meter lang, mit einem guten kräftigen Schnapp- schloß am Ende. Laß dich nicht durch einen niedrigen Preis zur An- schaffung einer Leine mit einem leichten Schnappschloß verlocken; es ist nicht annähernd so sicher wie die andern.

Dein Hundekind sollte auch etwas Spielzeug haben: Einen sauber ausgekochten Markknochen, einen harten Gummiball oder ein anderes hartes Gummispielzeug, mit dem es sich beschäftigen kann, wenn nie- mand Zeit hat, sich seiner anzunehmen.

Sehr wichtig ist für den Welpen auch der Schlafwinkel, den du ihm in deinem Hause als sein angestammtes Plätzchen zuweist. Ob man eine Kiste, einen Korb oder ein Hundebett für ihn anschafft, er muß lernen, daß es einen Platz gibt, wo er zu bleiben hat, wenn man es verlangt. Für die kleineren Rassen empfiehlt sich ein mit einer passen- den Matratze oder einem Kissen ausgelegter flacher Korb; für große und mittelgroße Hunde nimmt man besser eine mit Kapok, Seegras oder Schaumgummi gefüllte Matratze, die man auf ein Holzgestell legt, so daß sie sich 10 bis 15 Zentimeter über dem Fußboden befin- det.

Das ist alles, was dein neuer Hausgenosse braucht.

## 5. Stubenreinheit

Für den neugebackenen Hundebesitzer ist die Erziehung eines Wel- pen zur Stubenreinheit ein nebelhaftes Unterfangen, gehüllt in Ge- heimnis. Er argwöhnt stark, daß es irgendeinen Kniff gibt, der schnell und schmerzlos zum gewünschten Ergebnis führt, wenn ihn die Fach- leute nur verraten würden. Einige Bücher tragen noch dazu bei, die- sen Aberglauben zu befestigen, indem sie das Thema mit höchst ver- wickelten Theorien und Anleitungen behandeln.

In Wahrheit ist das Verfahren, das zu befolgen ist, sehr unkompli- ziert. Was es erschwert, ist die Beschränkung an Zeit und Raum, zu der das Leben in der Stadt die meisten Menschen heutzutage zwingt. Jene Glückspilze, die ein eigenes Haus mit Hof und Garten besitzen, haben keine große Mühe, wenn sie den kleinen Burschen alle paar Stunden vor die Tür setzen. Aber wer in einer Mietswohnung lebt, bringt mit jedem Gang vor die Tür ein Opfer. Dann muß man sich anziehen, auf den Lift warten oder gar einige Treppen hinunterstürzen, um schließlich einen noch nicht leinenführigen Hund über eine geräuschvolle, von Menschen und Fahrzeugen belebte Straße zu schleifen.

Grundsätzlich gliedert sich die Erziehung zur Stubenreinheit in zwei Teile:

1. Der positive Teil: Reichliche Gelegenheit für den Welpen, seine Bedürfnisse im Freien zu verrichten; streng eingehaltene Zeiteinteilung für Füttern und Tränken.

2. Der negative Teil: Unter allen Umständen verhindern, daß der Welpe die Wohnung verunreinigt; sollte sich das kleine Malheur trotzdem ereignen, ihm klarmachen, daß es nie wieder geschehen darf.

Auf den ersten Blick erscheint das alles ganz leicht. Doch die Durchführung bedingt eine schnell erreichbare Tür ins Freie, und der Welpe muß unter dauernder Aufsicht stehen. Wer hat das eine, und wer kann das andere auf sich nehmen?

Hier liegt die Ursache für die wachsende Beliebtheit des „P. C." bei den Hundebesitzern in den großen amerikanischen Städten. Gemeint ist damit das „Papierklosett", bestehend aus einigen übereinandergelegten Zeitungen, auf die man den Welpen in den kritischen Augenblicken setzt, und die zu benutzen man ihn gewöhnt. Ich selbst bin kein Freund davon und habe mich nie zu diesem Ausweg entschließen können, obgleich ich viele Würfe in Stadtwohnungen aufgezogen habe. Aber ich gebe zu, daß es Fälle gibt, die dazu zwingen. Es mag auch anfangs ganz praktisch sein; doch es bleibt ein Ersatz. Mit der Erziehung zur Stubenreinheit will man dem Welpen ja das Gefühl dafür einschärfen, daß die menschliche Wohnstätte bis in den entferntesten Winkel geheiligt und unberührbar ist. Papiergewöhnung lehrt das Gegenteil: „Sieh her, du kannst dich innerhalb der vier Wände unserer Wohnung erleichtern, aber selbstverständlich nur auf dem P. C."

Die Methode ist also nicht ungefährlich. Bestenfalls wird sie in dem kleinen Hirn Verwirrung stiften. Sie führt dazu, daß der Hund die Achtung vor der Wohnung seines Herrn verliert. Ich will es noch gelten lassen, wenn jemand seinen winzigen Schoßhund an das P. C.

gewöhnt, mit der Absicht, es dabei für den Rest seines Lebens zu belassen. Ich billige es nicht, aber wenn das Hündchen sich folgsam zeigt und sein Besitzer für diesen niedrigen hygienischen Standard gewichtige Gründe ins Feld führen kann, soll es mir recht sein. Aber für die allermeisten Besitzer bedeutet das P. C. nur eine zeitweilige Lösung. „Wenn er erst größer ist", behalten sie sich vor, „und nicht mehr so oft hinaus muß, dann gewöhne ich ihn an die Straße."

Eines Tages wird also dem Welpen zugemutet, alles zu vergessen, was man ihn in den ersten zwei bis drei Monaten gelehrt hat, wo seine Gewohnheiten sich formen und alle Eindrücke am tiefsten gehen. Ich habe eine ganze Anzahl Hunde erlebt, die durch kein Mittel mehr dazu gebracht werden konnten, den einladenden Gerüchen der Randsteine Beachtung zu schenken. Statt dessen bestanden sie auf ihrem P. C.

Man mißverstehe mich nicht. Nicht jeder Welpe wird neurotisch, der sich eine Zeitlang auf Papier entleert hat. Viele werden gern den Park oder die Straße benutzen, sobald man ihnen dazu Gelegenheit gibt. Aber ich möchte vor der Papiergewöhnung warnen, weil sie unangenehme Folgen haben kann. Wer es also irgendwie vermeiden kann, gewöhne seinen Welpen nicht ans P. C., sondern mache ihn wirklich stubenrein und beginne damit sofort. Es wird Opfer kosten, aber die Aufzucht jedes kleinen Wesens, eines Welpen ebenso wie die eines Kindes, ist mit Mühe und Arbeit verknüpft. Laß es dich nicht verdrießen. Der Hund wird dir einmal danken, was du jetzt für den Welpen tust.

*Wie Stubenreinheit beigebracht wird.* Setze für den Welpen schon am Tag seines Einzugs einen genauen Stundenplan fest. Sperre ihn zunächst in ein Zimmer, das weder einen Teppich noch Bettvorleger enthält. Der Boden muß sich leicht säubern lassen und den Gebrauch von Desinfektionsmitteln gestatten, die für besonders hartnäckige Fälle sehr vonnöten sind. Wähle, wenn irgend möglich, einen Raum, wo du den Welpen Tag und Nacht unter Aufsicht hast. Läßt sich das nicht machen, so stelle nachts sein Lager dicht neben dein Bett und sei unbesorgt: Seinen eigenen Schlafplatz wird er nicht beschmutzen.

Fangen wir mit dem ersten Morgen an. Sobald der Welpe munter geworden ist, eile schnurstracks mit ihm ins Freie. Wenn du ihn in einer Kiste oder in einem Korb schlafen läßt, wo er nicht hinausklettern kann, zwingst du ihn, dir sein Erwachen durch Gekläff oder Gewinsel anzuzeigen. Er will hinausgenommen werden, um sein Bedürfnis verrichten zu können. Dies ist der erste kritische Augenblick eures Zusammenlebens. Erkenne seine Bedeutung und handle entsprechend. Lege für alle Fälle die nötigsten Kleidungsstücke bereit. Vergeude keine Sekunde! Nimm das Bürschchen in die Arme und trag es rasch, rasch nach draußen. Laß es nicht frei laufen; das würde unausweichlich eine Pfütze zur Folge haben; dem kleinen Kerl fehlt noch die Kraft in den Schließmuskeln, um seinen Drang zu verhalten.

Setz den Hund draußen nieder, sprich freundlich mit ihm, geh langsam auf und ab, möglichst auf Gras oder weichem Untergrund, wo andere Hunde bereits ihre Spuren hinterlassen haben. Selbst in der Stadt gibt es Höfe, Rasenstreifen und Anlagen. Laß ihm Zeit, bis er ein Fleckchen findet, das ihm behagt. Manche Welpen hocken sich sofort nieder. Andere sind argwöhnisch und brauchen eine Weile, bis sie ein ihnen zusagendes Plätzchen finden. Du brauchst den Verkehr nicht zu fürchten; dazu ist es noch zu früh am Morgen. Hab Geduld; eine unwiderstehliche Naturkraft steht dir zur Seite. Der Welpe kann gar nicht anders, er muß sich entleeren. Kehre unter keinen Umständen ins Haus zurück, ehe er sein Geschäftchen verrichtet hat. Setz den Spaziergang mit ihm auch dann noch fort, wenn er Wasser gelassen hat; er wird nämlich auch noch seinen Darm entleeren wollen.

Ist alles zu deiner Zufriedenheit vor sich gegangen, so spende ihm ein warmes Lob und streichle ihn dabei. Du kannst nun guten Gewissens heimgehen mit der Aussicht, noch ein paar Stunden ruhigen Schlafes zu genießen. Wenn du dann aufstehst, gib dem Tierchen seine Morgenmahlzeit und rüste dich zu deinem zweiten Ausgang. Unmittelbar nach jeder Mahlzeit muß der Welpe ausgeführt werden. Er bekommt gewöhnlich vier Mahlzeiten täglich, bis er vier Monate alt ist, die letzte nicht später als 7 Uhr abends. Das wären vier Pflichtausgänge für dich. Füge dazu noch die frühmorgendliche Spritztour und die Nachtstreife, kurz bevor du ihn in sein Bettchen legst, dann sind es sechs. Dieser Stundenplan deckt die Bedürfnisse des Welpen. Einige mögen noch ein oder zwei Ausgänge mehr benötigen, besonders in der ersten Woche. Du wirst es schnell genug herausfinden. Wenn du dem Welpen bei jedem Spaziergang genügend Zeit läßt, wird er die Sache schon in den ersten drei Tagen richtig anpacken. Nicht etwa, daß er bis dahin schon stubenrein ist, das wäre zuviel verlangt, aber er weiß jetzt, daß er sich auf diesen Spaziergängen

Als erstes am Morgen . . .

ebenso unbekümmert erleichtern kann wie früher im Zwinger, während er im Hause daran gehindert oder gescholten wird. Der Instinkt, dort Wasser zu lassen und den Darm zu entleeren, wo andere Hunde bereits ihren Geruch hinterlassen haben, sowie das Lob, das er jedesmal erntet, wenn er sich in dieser Weise betätigt, tun das übrige.

Ich brauche wohl nicht zu betonen, daß der Stundenplan für die Fütterung und die Tränkung streng eingehalten werden muß. Alles, was der Welpe bekommt, ist in diesen vier Mahlzeiten enthalten. Ist die letzte verzehrt, so gib ihm kein Futter und keinen Tropfen Wasser mehr. Laß den Trinknapf nicht herumstehen. Wenn der Welpe sich langweilt, schleckt er den größten Napf leer, nur zu seinem Vergnügen, und nachher findest du deine Wohnung überschwemmt. Hab keine Angst, daß er vor Durst stirbt, wenn er gelegentlich keuchend, mit hängender Zunge heimkommt. Hunde schwitzen, wie du wohl wissen wirst, nicht durch die Haut, sondern hauptsächlich durch die Zunge. Überlaß ihn sich selbst. Nach einigen Minuten hat er sich beruhigt und wird friedlich schlafen.

Bis jetzt haben wir uns nur mit dem positiven Teil der Erziehung zur Stubenreinheit beschäftigt; es bleibt noch der negative. Er besteht darin, den Welpen unaufhörlich zu beobachten, damit er sich nicht in der Wohnung vergeht, und ihm, wenn er es trotz aller Beaufsichtigung doch tut, eine entsprechende Lektion zu erteilen. Während ältere Hunde recht wählerisch sind, wenn sie ein Plätzchen für

Stolz auf die Tat

ihre Notdurft suchen, und ihre Absicht verraten, indem sie verdächtig herumschnüffeln und eine bestimmte Körperhaltung einnehmen, handelt ein Welpe gewöhnlich mit blitzartiger Schnelligkeit. Ein Teppich, ein Bettvorleger oder ein dunkler Winkel ist alles, was er braucht. Ist der Drang sehr stark, so ist ihm jede Stelle recht. Du mußt darum noch rascher sein als er, wenn du ihm zuvorkommen willst. Pack ihn im Augenblick, wo er sich anschickt, seine geheimen Absichten in die Tat umzusetzen, am Nackenfell, heb ihn auf und trag ihn in Windeseile hinaus. Verschwende keine Zeit mit Vorwürfen. Draußen hockt er sich vielleicht nicht sofort hin. Der Schrecken über die jähe Unterbrechung läßt möglicherweise die Vorstellung in ihm aufkommen, daß er überhaupt nicht Wasser lassen darf. Du tust darum gut daran, ihn zu einer Stelle zu tragen, wo er sich bereits einmal erleichtert hat. Vergiß aber nicht, daß dein Hundekind erst das halbe Lehrpensum weiß, wenn du ihn erfolgreich verhindert hast, deine Wohnung zu verunreinigen. Gekrönt werden deine Mühen erst sein, wenn du ihn dazu gebracht hast, sein Geschäftchen im Freien zu verrichten.

Einige Hundekenner empfehlen, ein feuchtes Tuch nach dem Welpen zu werfen, sobald er sich irgendwo in der Wohnung hinhockt. Das mag einige Welpen hemmen; andere erschrecken dann nur und hinterlassen ein paar Schritte weiter eine um so größere Pfütze.

Doch was kann man tun, wenn man betrüblicherweise zu spät kommt und plötzlich vor einem kleinen See steht oder vor Schlimmerem? Ist die Missetat schon einige Zeit vor der Entdeckung geschehen, so rate ich, besonders in den ersten Tagen nicht allzu streng

48

O je, wieder ein Fauxpas!

zu sein. Erschrick das Bürschchen nicht so, daß du es um Witz und
Verstand bringst. Renne niemals hinter ihm drein und fang es nicht
nach einer wilden Jagd um Tische und Stühle. Wenn der Welpe ruhig
zuschaut, während du entgeistert auf den Unrat stierst, kannst du
sicher sein, daß er sich keiner Schuld bewußt ist. In diesem Fall
kniest du dich am besten hin, greifst ihn ruhig am Nackenfell, setzt
ihn ein paar Handbreit vor seinem Unrat nieder und strafst ihn mit
scharfem „Pfui". Dann gibst du ihn frei und läßt ihn in seinen Winkel
abziehen. Säubere den Fußboden und reibe den zurückbleibenden
Fleck mit einer desinfizierenden Flüssigkeit ein. Der scharfe Geruch
des Desinfektionsmittels wird dem Welpen mehr als alles andere dein
Mißfallen einprägen. Diese Stelle wird er von nun an meiden.

Gibt er jedoch zu erkennen, daß er weiß, er hat etwas Verbotenes
getan, so geh einen Schritt weiter. Nimm die schon erwähnte Rolle
Zeitungspapier und schlage damit, ehe du den Unrat entfernst, ringsum auf den Boden, während du den kleinen Missetäter ausschiltst.

Es würde wahrscheinlich nutzlos sein, ihn jetzt hinauszubringen.
Beobachte ihn statt dessen scharf, um jede Wiederholung zu verhindern, und halte nicht mit Lob zurück, wenn er beim nächsten Spaziergang seine Pflicht erfüllt.

Du selbst bist der beste Richter, zu entscheiden, zu welchem Zeitpunkt dein Welpe genügend belehrt ist, um eine Strafe zu verdienen,
wenn er die Lehre nicht befolgt. Dann und nur dann kann die Zeitungsrolle – mit aller tunlichen Vorsicht angewendet –, das Zucht-
mittel sein, das ihn auf den richtigen Weg bringt.

Aller Anfang ist schwer. Doch nun wirst du von Tag zu Tag einen neuen Fortschritt erleben. Den ersten, wenn er sich draußen aus freien Stücken erleichtert, den zweiten, wenn er beim Sündenfall die ersten Zeichen eines Schuldbewußtseins verrät. Aber triumphieren kannst du erst an dem Tag, wo er dir von sich aus anzeigt, daß er hinaus muß, indem er an der Tür kratzt oder bei der Tür winselt. Das ist in der Tat ein wunderbarer Augenblick, und du mußt dann nicht nur seinen Wunsch auf der Stelle erfüllen, sondern sollst auch mit dem Lob nicht sparen, sobald er draußen sein Geschäftchen verrichtet hat.

Einige Welpen durchlaufen das ganze Pensum in drei Tagen. Der Durchschnittswelpe wird nach einer Woche halbstubenrein sein und beinahe völlig nach der zweiten Woche. Bei den hartnäckigeren Fällen muß man den Grund für die Unbelehrbarkeit herausfinden. Der Welpe ist vielleicht krank, oder das Futter bekommt ihm nicht. Manchmal verrichtet er sein Bedürfnis auch nicht völlig, wenn er im Freien ist. Es gibt Hunde, die so zimperlich sind, daß sie sich schämen, ihr Bedürfnis an der Leine oder unter Beobachtung zu verrichten.

Du siehst also, daß du deinen Welpen zur Stubenreinheit erziehen kannst, wenn du zehn bis vierzehn Tage opferst. Es ist deine Sache, ob du diesen geraden und natürlichen Weg gehen willst oder den Umweg über das P.C., das Papierklosett, trotz seinen offensichtlichen Mängeln vorziehst.

*Papiergewöhnung.* Diese Methode ersetzt lediglich die oft nicht leicht erreichbare Straße durch ein paar Bogen aufsaugfähiges Papier – zum Beispiel Zeitungen –, die aufeinander geschichtet werden. Sie erspart dir die Ausgänge, aber nicht die Aufsichtspflicht. Diese Pflicht besteht darin, den Welpen, der sich anschickt, dem Drang der Natur zu folgen, auf das P.C. zu setzen. Indem man dies ständig wiederholt und dafür sorgt, daß stets ein paar „durchduftete" Zeitungen auf dem neuen Stapel liegen, kann man ihm die Vorstellung eintrichtern, daß er nur dieses Papier verunreinigen darf und sonst nichts.

Dennoch wird es dem Welpen viel leichter faßlich sein, daß die Wohnung überhaupt nicht beschmutzt werden darf, und daß sich sein Örtchen im Freien befindet, als zu begreifen, daß er sein Geschäft draußen zu verrichten hat *und* drinnen, wenn auch nur auf einem Stapel Papier. Jedenfalls sollte man nie unterlassen, ihn zu ermutigen, die Spaziergänge gebührend auszunutzen, auch wenn er gleichzeitig an das Papier gewöhnt wird, um seinem Herrn das viele Treppensteigen zu ersparen. Es wird dann erheblich leichter sein, ihn später unter Entzug des Papiers ganz und gar an die Straße zu gewöhnen.

Hoffentlich wird man mir jetzt beipflichten, daß Erziehung zur Stubenreinheit nicht nur eine praktische Maßnahme, sondern auch der erste Schritt zur Belehrung des Welpen über seine Pflichten ist.

## 6. Leinenführigkeit

Wie die Stubenreinheit ist die Leinenführigkeit ein dringendes praktisches Gebot. Ohne den Welpen an die Leine zu legen, kann man ihn in der Stadt nicht auf die Straße führen. Wer das Glück hat, einen Hof oder einen Garten sein eigen zu nennen, wo sich der Welpe tummeln kann, ohne den Gefahren des Verkehrs ausgesetzt zu sein, mag mit dem Anleinen warten, bis die Zeit zu regelrechten Spaziergängen gekommen ist.

Wer jedoch in der Stadt lebt, ist gezwungen, sich mit der Leinenführigkeit sofort zu befassen, weil ein Welpe, besonders wenn er den großen oder mittelgroßen Rassen angehört, tägliche Bewegung im Freien braucht, auch dann, wenn er seine Bedürfnisse auf dem P.C. verrichtet. Nur schlechtes Wetter darf dich davon abhalten, ihn mehrmals am Tage hinauszuführen. Möglich, daß dein Tierarzt dir rät, ihn die ersten vier oder fünf Monate daheim zu lassen, um ihn vor der Ansteckung mit Staupe und dergleichen zu bewahren. Mit solch übertriebener Vorsicht stimme ich nicht überein. Ein Welpe, der in der Stadt leben soll, muß so früh wie möglich an seine Umwelt gewöhnt werden. Je später er auf die Straße gebracht wird, desto größer ist seine Scheu. Hat er erst einige Monate in der Wohnung verbracht, so wird er zu Tode erschrecken, wenn der Höllenlärm von Motorfahrzeugen und Straßenbahnen plötzlich auf ihn eindringt. Jede Begegnung mit andern Hunden wird ihn in einen Zustand der Übererregtheit versetzen. Richtige Aufzucht mit passender Ernährung, die ihn kräftigt und ihm eine gesunde Konstitution verleiht, schützt ihn besser vor Ansteckung als Eingesperrtsein. Auch kann man zu vorbeugenden Injektionen mit dem neuen Staupe-Schutzserum, der Lederle-Vakzine, greifen. Besprich diesen Punkt mit deinem Tierarzt.

Die Leinenführigkeit bleibt sich in ihren Voraussetzungen stets gleich, ob der Welpe zehn Wochen alt ist, ob vier Monate. Er gewöhnt sich selbstverständlich um so rascher an die Leine, je jünger er ist. Seine Neigung, dir auf den Fersen zu bleiben, ist am stärksten entwickelt, wenn er dich am meisten braucht. Andererseits muß ein Hundekind zarter behandelt werden als ein kräftigerer Junghund.

Der erste Schritt zur Leinenführigkeit ist die Anlegung des Halsbands. Benutze ein gerade geschnittenes, billiges, aber kräftiges Lederhalsband, keine Kette, kein Würgehalsband. Es sollte weit genug sein, um sich frei am Hals zu drehen, doch eng genug, daß es dem Hündchen nicht über den Kopf gleiten kann. Lege das Halsband zu Hause an. Einigen Welpen ist es kein bißchen im Wege. Andere machen sofort Befreiungsversuche, indem sie sich kratzen. Sollte dein Welpe dies tun, so sprich und spiel mit ihm, um ihn abzulenken. Es gibt auch Welpen, die sich ganz rasend gebärden im Bemühen, den Fremdkörper am Hals loszuwerden. Ich erzielte in solchen Fällen gute Ergebnisse, wenn ich das Halsband unmittelbar vor der Fütterung anlegte. Sobald der gefüllte Napf vor der Nase des Welpen steht, vergißt er schnell, was ihn soeben noch bekümmert hat. Er braucht das Halsband nicht die ganze Zeit zu tragen, vor allem anfangs nicht. Wenn du ihm das Halsband nur zu den Spaziergängen anlegst, verbindet er es bald mit dem bevorstehenden Vergnügen und nimmt es leichter hin.

Hat er sich einigermaßen mit dem Halsband abgefunden, so ist es Zeit, ihn an die Leine zu legen. Versuche das ebenfalls zuerst in der Wohnung vor dem Ausgang. Denke daran, daß Leinenführigkeit nichts anderes bedeutet, als ihn ans Spaziergehen mit dir zu gewöhnen. Erwarte noch kein klassisches „Bei Fuß". Sei zufrieden, wenn er überhaupt in Bewegung bleibt, ob er dich nun vorwärts zieht oder du ihn durch einen kleinen Zug an der Leine zum Weiterlaufen bringst. Ich empfehle deshalb eine schmiegsame Lederleine von anderthalb bis zwei Meter Länge, die ihm einen gewissen Auslauf gestattet. Eine Kette ist nicht ratsam; sie hat den Nachteil, sich immerzu zu verwickeln.

Jeder Welpe leistet anfangs einen gewissen Widerstand gegen die Leine. Das ist nur natürlich, denn sie stellt die erste ernstliche Beschränkung seiner Freiheit dar. Nimm die Schlinge der Leine in die rechte Hand und halte den Welpen an deiner linken Seite, indem du die Leine zur besseren Kontrolle durch die linke Hand laufen läßt (vergl. Tafel 1). Geh so mit ihm in deiner Wohnung auf und ab. Wende keinen bestimmten Befehl an, sondern sprich nur freundlich mit ihm. Dies ist keine eigentliche Belehrung, sondern nur ein erster Gewöhnungsversuch an die Leine. Außer dem natürlichen Widerstand gegen die Freiheitsbeschränkung wird auch eine gewisse Furcht in seinem Gemüt glimmen. Er fühlt, daß die Leine ihn nicht nur belästigt, sondern ihn auch hindert, die Flucht zu ergreifen, also seinem Naturtrieb zu folgen. Wappne dich also jetzt mit doppelter Geduld. Viel wird von deiner Fähigkeit abhängen, aus dem Lehrpensum ein fröhliches Spiel für ihn zu machen. Laß dich lieber von ihm führen, als daß du ihn führst. Beug dich von Zeit zu Zeit zu ihm nieder, lobe und streichle ihn. Plaudere weiter mit ihm, während du herumgehst. Was du sagst, ist nicht so wichtig; er kann dich ohnehin nicht verstehen; aber der beruhigende Ton deiner Stimme dämpft die Furcht in seinem kleinen Herzen. Sobald du merkst, daß er sich an die Leine gewöhnt, gehst du dazu über, selbst den Schritt und die Richtung zu bestimmen. Hilf deinem kleinen Weggenossen durch einen sanften Zug an der Leine und ermunternde Schläge an dein linkes Bein weiter. Wenn er dir brav folgt oder gar vorausrennt, hast du die erste Runde gewonnen. Hüte dich jedoch, zu scharf an der Leine zu zerren, besonders in den ersten Tagen. Der beste Erzieher erzielt seine Ergebnisse mit dem geringsten Kraftaufwand. Der Kunstgriff bei der Gewöhnung an die Leine besteht darin, den Welpen zu überzeugen, daß nicht Leine und Halsband den Zug auf ihn ausüben, sondern daß er es selbst tut, indem er sich dagegen sträubt. In dem Augenblick, wo ihm das klar wird, handelt er gemäß der neuen Erfahrung.

Hilf ihm, indem du einen Schritt anschlägst, dem er sich leicht anpassen kann. Gib nach, wenn er langsamer gehen oder sich einmal verschnaufen will. Warte ein paar Augenblicke; dann ermutige ihn wieder durch sanftes Plaudern und Beklopfen deines linken Beins. Dann geh weiter. Lobe und streichle ihn von Zeit zu Zeit und überrede ihn gütig, sobald er halsstarrig wird. Ein Welpe kann wie betäubt sein, wenn er das erstemal die hemmende Kraft der Leine spürt. Wenn du versuchst, ihn in solchem Zustand vorwärtszuzerren, vermehrst du nur seinen ängstlichen Widerstand. Er wird seine vier Pfoten als Bremsen benutzen und sich nicht von der Stelle rühren oder sich durch rasende Sprünge gegen die Beschränkung seiner Freiheit wehren. Was dir vielleicht als Eigensinn erscheint, ist jedoch in Wahrheit Furcht. Das einzige Mittel gegen die Angst ist sanftes Zureden. Lockere die Leine, beuge dich zu dem Tierchen nieder und bring es durch Schmeichelworte dazu, sich dir zu nähern. Nach den ersten vorsichtigen Schritten wird ihm klar, daß jetzt gegen die Leine nichts mehr einzuwenden ist.

Wenn allerdings nichts ihn in Bewegung setzen will, so mußt du schon einen gewissen Grad von Gewalt anwenden. Ruf ihn zu dir, spricht mit ihm, und geh langsam vorwärts, indem du ihn durch wiederholten Zug an der Leine zum Laufen zwingst. „Gewalt" bedeutet jedoch nicht Zug an der Leine, stark genug, ihn durch die Luft zu schleudern. Laß es bei einem Ruck bewenden, der ihn in Bewegung setzt, aber besteh darauf, daß er vorwärts geht. Lockere die Leine nach jedem Ruck, um ihm die Möglichkeit zu geben, aus freien Stücken zu folgen. Die wenigen freiwilligen Schritte nach einem Ruck sind diejenigen, die ihn seine Lektion lehren. Fahre so fort, bis er dir von selbst zu folgen beginnt. Dann schalte eine Pause ein und lobe ihn. Sei dir darüber klar, daß du, wenn du dich zur Gewaltanwendung entschließt, mit der Belehrung nicht aufhören darfst, bis er nachgibt. Sonst impfst du ihm nur die Vorstellung ein, daß er deine Bemühungen mit seinem halsstarrigen Widerstand vereiteln kann. Schleife ihn unter gar keinen Umständen an der straff gespannten Leine mit. Halte dich an die Taktik, auf die Leine in Abständen einen Zug auszuüben, und achte darauf, daß nach jedem Ruck eine Pause entsteht, während welcher die Leine sich lockert und dem Welpen gestattet, den Weg aus freien Stücken fortzusetzen.

Strebt er hingegen zu stark voraus, so reiß ihn nicht scharf, sondern mit sanftem Zwang zurück.

Du wirst bemerkt haben, daß ich dir geraten habe, den Welpen an die linke Seite zu nehmen. Das ist die Vorbereitung zum Folgen „bei Fuß", das du ihm später beibringen wirst, und das immer links vor sich geht. Beharre also darauf, daß er sich links hält. Im übrigen gib ihm so viel Freiheit, wie die Leine erlaubt. Mit sechs Monaten lernt er dann „bei Fuß" gehen.

## 7. Die Befehle

**Kommen auf Ruf** (vergl. die Tafeln 1 und 2). Im Gegensatz zur
Stubenreinheit und Leinenführigkeit, die unaufschiebbare Erziehungsaufgaben bilden, kann das Gehorchen auf den Befehl „Komm", obwohl nicht weniger wichtig, leichter genommen werden. In den ersten
zwei Monaten wirst du den Welpen kaum frei herumlaufen lassen
außer in einem eingefriedeten Hof oder in deinem Heim, wo du dich
nicht auf seinen Gehorsam zu verlassen brauchst, um dich seiner zu
bemächtigen.

Allerdings ist das Kommen auf Ruf in den ersten Monaten der
Hundekindheit so leicht zu lehren, daß du aus diesem Vorteil Nutzen
ziehen solltest. Zum Herrn zu kommen, entspricht dem natürlichen
Instinkt des Welpen. Gerufen und dann als Zeichen der Zuneigung
geliebkost zu werden, wird den kleinen Burschen in Entzücken versetzen. Er liebt dich ja und vertraut dir. Je kleiner und schwächer er
ist, desto mehr hängt er von dir ab, und um so schneller wird er sich
in die Vorstellung hineinleben, daß du ihm durch das Rufen seines
Namens in Verbindung mit dem Hörzeichen „Komm" das Vorrecht
gewährst, in deiner Nähe zu weilen. In diesem zarten Alter hat er
wenige äußere Interessen, die ihn von dir ablenken könnten; selten
wird es etwas geben, das seinen Wunsch durchkreuzt, zu dir hinzu-
laufen. Wenn er älter ist, entwickelt er andere Interessen, seine Abhängigkeit von dir ist geringer, er wird dich bald als selbstverständ-
liche Tatsache hinnehmen. Dann wird er weniger bereit sein, sein
eigenes Vorhaben aufzugeben, um deinem „Komm" zu willfahren.
Darum ist es viel einfacher, einem Welpen das Kommen beizubringen,
als einem halb oder ganz erwachsenen Hund.

Die Methode ist ganz einfach. Die ersten Versuche macht man zu
Hause. Ruf bei jeder sich bietenden Gelegenheit deinen Welpen beim
Namen und füge das Hörzeichen „Komm" hinzu. Sieh zu, daß er sein
Kommen als einen Spaß genießt. Ruf ihn zu seinen Mahlzeiten und
Spaziergängen, und wenn zu nichts anderem, dann zu einer Lieb-
kosung oder einem Lob. Die meisten Welpen brauchen zu ihrem
Wohlbefinden Aufmunterung und Zärtlichkeit. Sie sind geradezu
erpicht darauf, ihre Zuneigung zu beweisen. Diejenigen, die nicht so-
fort kommen wollen, trauen entweder ihrem Herrn nicht oder haben
noch keine Zuneigung zu ihm gefaßt. Ab und zu stößt man auf einen

Welpen, der einfach faul und störrisch ist, zumal wenn er ein gut gefülltes Bäuchlein hat. Das ist natürlich nie eine gute Zeit zum Lernen.

Bleib stehen, wenn du den Welpen heranrufst. Geh ihm nie auch nur einen einzigen Schritt entgegen; sonst glaubt er, daß du zu ihm kommen willst, und dann wird er entweder stehenbleiben oder sich langsamer bewegen. Das einzige Zugeständnis, das du ihm machen kannst, besonders zu Anfang, besteht darin, dich auf ein Knie niederzulassen. Dies hat, im Verein mit einem einladenden Schlag gegen dein Bein oder auf den Boden vor dir, entschieden eine überredende Wirkung, die für die meisten Welpen unwiderstehlich ist, wenn noch der richtige Ton des Hörzeichens dazukommt.

Das schlimmste wäre, dem Welpen nachzulaufen. Das kann für ihn nur zweierlei Bedeutung haben: Entweder willst du mit ihm spielen oder ihn bestrafen. Auf beide Möglichkeiten antwortet er mit rascher Flucht. Von da ab wird er sich hüten, in deine Reichweite zu kommen. Er wird kurz vor dir anhalten, bereit, zu entwischen, sobald du nach ihm greifst.

Vor ungefähr einem Jahr stieß ich auf einem Spaziergang im Central Park auf einen Buben, der verzweifelt seinen Dobermannwelpen zu sich zu bringen versuchte. Ich schaute dem Rennsport eine Weile zu. Offenbar bereitete dem Welpen die Jagd das größte Vergnügen. Kaum war der Junge nahe genug heran, so stob der Dobermann in weitem Bogen davon. Ich riet dem Buben, das Nachjagen aufzugeben und statt dessen das gerade Gegenteil zu tun: Selbst davonzurennen. Dem Jungen schien mein Ratschlag nicht einzuleuchten. „Los", sagte ich, „lauf davon. Du wirst noch nicht am Ende der Böschung angekommen sein, bevor er an deiner Seite ist." Er tat, wie geheißen, und siehe da, jetzt waren die Rollen vertauscht. Jetzt wurde der Welpe von Schrecken erfaßt. In seiner Angst, sein Herrchen zu verlieren, riß er den Buben im Ansturm beinahe um.

Greife zu dieser Taktik, selbst wenn du mit dem Welpen zu Hause bist. Kommt er auf deinen Ruf nicht, so geh einfach fort. Bald genug wird er sich zu dir gesellen, gekränkt und enttäuscht über deinen augenscheinlichen Mangel an Interesse. Man mißverstehe mich bitte nicht. Das Weggehen bedeutet nicht Verzicht aufs Ziel, es ist im Gegenteil ein Mittel, ihm näherzukommen.

Ich sagte bereits, daß der Welpe sein Kommen zu dir als einen freu-

digen Vorgang genießen soll. Das bedeutet, daß du ihn niemals bestrafen darfst, *wenn* er kommt, gleichgültig, wieviel Geduld du dabei
aufwenden mußtest. Es kann zum Ausderhautfahren sein. Vielleicht
hat er dich eine ganze Weile gefoppt, bis er sich endlich zum Kommen
entschließt. Die Hände mögen dir jucken, ihn für den Ungehorsam
zu strafen. Doch davon darf nicht die Rede sein. Ist er gekommen, so
mußt du alles vergessen, was vorher geschehen ist, und ihn sehr
freundlich empfangen. Laß niemals das Gefühl in ihm wach werden,
daß deine Nähe für ihn gefährlich sein könnte. Mehr als alles andere
würde ihn das hemmen, wenn du ihn das nächstemal rufst. Je jünger
dein Welpe ist, desto weniger wird er auf die Idee verfallen, eine
Art Rundlauf mit dir zu spielen. Erst mit fünf Monaten und darüber
pflegen die Welpen übermütig zu werden und es spaßig zu finden,
ihren Herrn an der Nase herumzuführen. Obwohl es anscheinend kein
Mittel gibt, einen Hund dieses Alters zum Kommen zu bewegen,
wenn er sich etwas anderes in den Kopf gesetzt hat, so hat doch erfinderischer Menschengeist einen Ausweg gesucht und gefunden. Es
ist die Benutzung der Wurfkette, einer Metallkette von gleicher Länge
und gleichem Gewicht wie ein Kettenhalsband, das sich übrigens für
diesen Zweck gleichfalls gut eignet. Der Kniff besteht darin, dem unfolgsamen Hund die Kette gegen die Rippen oder die Hinterhand zu
schleudern. Daß dieses Mittel den erstrebten Zweck fast unfehlbar
erreicht, ist eines der erstaunlichen Kapitel der Tierpsychologie. Weil
der Hund fest daran glaubt, daß er in keiner Weise bestraft oder zu
etwas genötigt werden kann, wenn er sich nur außerhalb der Reichweite seines Herrn hält, wirkt die wohlgezielte Kette als ein gesunder
Schock. Er zertrümmert nicht nur den Grundglauben an seine Unerreichbarkeit, sondern verbindet die Vorstellung der Gefahr mit der
Entfernung vom Herrn und treibt den Hund zu ihm zurück, in seinen
tröstlichen Schutz. Die Wirkung reicht oft so tief, daß das nächstemal,
wenn er zögert, auf deinen Ruf zu kommen, ein leises Klimpern mit
der Kette genügt, seinen Gehorsam zu bessern.

Die Erfinder dieser sinnreichen Methode sind die deutschen Schafhirten. Wenn sie ihre Herden trieben, halfen die Hunde ihnen, die
Tiere beisammen zu halten. Geriet nun ein Hund auf Abwege, so bedienten sich die Schäfer einer Schleuder. Ein wohlgezielter Stein gegen die Rippen mahnte den Hund an seine Pflicht. Später haben die
deutschen Abrichter, die übrigens die Schöpfer der modernen Hunde-

Erziehung sind, zum gleichen Mittel gegriffen und nur die etwas schwerfällige Schleuder durch die Wurfkette ersetzt.

Doch dieses Mittels bedarf es nicht, wenn du deinem Hund das Herankommen auf Ruf früh genug beibringst. Wende die Kette nicht bei einem Welpen unter fünf Monaten an. Wenn es später sein muß, so probiere sie ruhig aus. Du wirst verblüfft sein, wie vortrefflich sie wirkt, ohne den Hund auch nur im geringsten zu verletzen.

Wenn dir ein kleiner Welpe Schwierigkeiten macht, kannst du annehmen, daß er sich vor dir fürchtet. Das ist durchaus möglich, namentlich in der ersten Woche, wenn du bei der Erziehung zur Stubenreinheit und Leinenführigkeit etwas unsanft mit ihm umgesprungen bist. Hast du dich indessen bemüht, ruhig und geduldig zu sein, um sein Vertrauen nicht zu erschüttern, dann liebt er dich. Bemerkst du trotzdem Anzeichen von Furcht, dann mache dir klar, daß er nicht Strafe wegen Eigensinns braucht, sondern Hilfe, seine Angst vor dir zu überwinden. Knie nieder, wenn du ihn rufst, rede ihm gut zu und lobe ihn für den kleinsten Schritt, den er auf dich zu tut. Einige Welpen gehorchen besser, wenn sie aus kurzer Entfernung gerufen werden, andere, wenn der Abstand größer ist. Sehr bald wirst du selbst herausfinden, welches Verfahren sich in deinem Fall empfiehlt.

Doch wenn der Welpe unzweifelhaft träge und halsstarrig ist, so ist ein anderes Verfahren anzuwenden. Warnen möchte ich nur davor, einen ängstlichen Welpen mit einem halsstarrigen zu verwechseln. Wenn er wegläuft und sich versteckt, wenn er zittert und den Schwanz einklemmt, dann hat er offenbar Angst vor dir. Aber wenn er unbekümmert daliegt, fröhlich mit dem Schwanz wedelnd, oder einfach steht oder sitzt, ohne deinen Befehlen die geringste Aufmerksamkeit zu schenken, dann nimmt er dich nicht ernst. Unterbrich dann die Lehrstunde, lock ihn mit einem Leckerbissen heran und leg ihn an die Leine. Geh so weit von ihm fort, wie die Länge der Leine es erlaubt, beug dich nieder und rufe ihn heran. Wenn er sich auch dann noch nicht rührt, zieh ihn mit einem scharfen Ruck ein paar Zentimeter näher. Rede ihm nun gut zu und übe, wenn nötig, noch einen schnellen Zug auf die Leine aus, bis du ihn bei dir hast. Jeden Ruck an der Leine begleite mit einem scharfen: „Komm!" Nachher lobe ihn, als ob er aus freien Stücken gekommen wäre. Wiederhole dies mehrmals, bis er auf deinen Befehl sofort reagiert. Doch brauche unter keinen Umständen Gewalt für die ganze Wegstrecke, die ihn von dir trennt.

Das würde ihn niemals lehren, auf Anruf zu kommen, sondern nur seinen Widerstand steigern. Später benutzt man eine dreieinhalb bis fünf Meter lange Wäscheleine, die an der Schlinge der Hundeleine befestigt wird; durch die größere Entfernung wird sein Gehorsam auf eine echte Probe gestellt.

Sobald das Hündchen auf Ruf zu kommen beginnt, mußt du mit dem übertriebenen Zureden aufhören; knie oder beug dich nicht mehr nieder, aber spare auch jetzt nicht mit Lob, wenn der Welpe gehorcht. Später wirst du ihm das korrekte Herankommen beibringen. Indem du ihn schon als Welpen an das Kommen auf Ruf gewöhnst, schaffst du alle Grundlagen zur späteren Ausbildung.

„Platz". Nach ungefähr drei Wochen sollte der Welpe Stubenreinheit und Leinenführigkeit erlernt haben. Zu dieser Zeit, während du das Herankommen auf Ruf noch übst, wird der Welpe, der anfangs nur einen Raum deiner Wohnung betreten durfte, größere Bewegungsfreiheit haben, ja, vielleicht schon frei in der Wohnung herumlaufen. Das führt zur Notwendigkeit, ihm einen Platz anzuweisen, wo er sich aufhalten soll, wenn man ihn aus dem Weg wünscht. Nichts ist ärgerlicher, als ihn in tiefem Schlaf in irgendeinem Winkel zu finden, wo man ihn niemals vermutet hätte, und sich selbst und ihn zu Tode zu erschrecken, indem man ihn versehentlich tritt. Wenn er sich in der Wohnung frei bewegen darf, wird er bald seine Vorliebe für diejenigen Plätze an den Tag legen, von denen du ihn am liebsten fernhalten möchtest, zum Beispiel für die Küche, die Betten oder die Sessel im Wohnzimmer. Das kann man verhindern, indem man ihm ein besonderes Fleckchen als seinen „Platz" anweist und ihn lehrt, dort zu bleiben, sobald es ihm gesagt wird.

Seltsamerweise wirst du darüber nichts in den Dressurbüchern finden. Offenbar hat man unter dem Einfluß der klassischen Leistungsprüfungen ganz übersehen, daß es die wichtigste Pflicht des Hundes ist, sich reibungslos in das Zusammenleben mit seinem Herrn einzuordnen.

Welchen Platz sollen wir unserem Welpen geben? Es muß vor allem eine Stelle sein, wo der Hund niemand im Wege ist. Anderseits muß er sich zu ihr hingezogen fühlen. Vielleicht hat er sich schon selbst ein Plätzchen ausgesucht, an dem er sich wohl fühlt. Wenn er dort nicht stört, belasse es bei seiner Wahl. Sonst suche ihm einen Platz, der ihm das Gefühl der Geborgenheit gibt, das für ihn wichtig ist, zum Beispiel den Raum zwischen zwei Möbelstücken, unter dem Schreibtisch, einen behaglichen dunklen Winkel oder das Badezimmer. Die Vorliebe für Deckung ist eine Erinnerung an alte Wildhundzeiten; seine Vorfahren pflegten sich Ruheplätze zu suchen, die einen gewissen Schutz gegen überraschende Angriffe gewährten. Auch die Gewohnheit, vor dem Niederlegen auf dem Boden zu kratzen und ihn zu glätten, ist eine Hinterlassenschaft jener fernen Zeit; seine Vorfahren gruben sich gewöhnlich ein flaches Loch und trampelten das Gras ringsum nieder, ehe sie sich für die Nacht betteten.

Sobald du ihm „sein" Fleckchen zugewiesen hast, trag sein Bettchen oder seinen Korb dorthin und deute mit dem Finger darauf; dazu gib das Hörzeichen „Platz". Von da an wird dieser eine Laut stets benutzt, wenn er in seinen Winkel gehen soll. Will er sich das erstemal auf der ihm schon vertrauten Matratze oder im Korb nicht niederlegen, so muß man ihn dazu bringen. Mit der linken Hand drückt man sanft auf seinen Widerrist, während man mit der rechten seine Vorderpfoten behutsam nach vorn zieht. Wiederhole das Hörzeichen und halte den Welpen einige Sekunden in dieser Stellung fest. Je nach Laune und Temperament wird er sich dabei sehr verschieden verhalten. Am ehesten kannst du mit einem Erfolg rechnen, wenn du die Zeit nach seiner Mahlzeit und dem nachfolgenden Spaziergang wählst. Er wird dann selbst ausruhen wollen und für deinen Befehl empfänglich sein. Halte die linke Hand noch ein paar Sekunden auf seinem Widerrist. Dann heb sie langsam unter Wiederholung des Hörzeichens „Platz" und laß sie zuletzt dicht über seinem Kopf schweben. Lob ihn, auch wenn er nur ganz kurz in der gewünschten Stellung bleibt. Dann wiederhole die Übung, doch diesmal so, daß er etwas länger ruht. Das nächstemal versuche dich aufzurichten, aber ersetze den Druck auf seinen Nacken durch ein Sichtzeichen deiner offenen Hand, die parallel zum Boden gehalten werden muß und zwar so, daß er sie deutlich sieht. Gebrauche nun das Hörzeichen „Bleib da" in langgedehnter Betonung.

Abgeschlossen wird die Übung damit, daß du ihn mit Hörzeichen und mit ausgestrecktem, auf seinen Schlafwinkel weisendem Arm zu seinem Platz schickst. Wenn nötig, geh mit ihm oder führe ihn sanft hin. Läßt er sich quer durchs Zimmer zum „Platz" schicken, so ist das Spiel schon halb gewonnen. Wenn du hierauf das Hörzeichen „Bleib da" gibst, kannst du die Zeit seines Niederlegens verlängern.

Möglich, daß er den Kernpunkt deiner Belehrung eine Zeitlang nicht begreift. Doch nach einer Woche täglicher Wiederholung sollte er erfaßt haben, was du von ihm willst. Ein eigenwilliger Hund braucht einen Anreiz: Vielleicht ein Stück Hundekuchen, das du an die Stelle wirfst, wohin er gehen soll. Ein anderer läßt sich durch sein Lieblingsspielzeug verlocken, sich an seinen „Platz" zu begeben.

Anfangs wird er nicht längere Zeit an dem ihm zugewiesenen Platz bleiben wollen. Verläßt er ihn, ohne gerufen worden zu sein, so schick ihn zurück. Je öfter du das Pensum wiederholst, desto besser sitzt es. Wenn er sich zum erstenmal auf seinem „Platz" schlafen legt oder es sich dort wenigstens gemütlich macht, ohne ängstlich auf eine Gelegenheit zu warten, wie er entwischen kann, oder wenn er sich gar aus eigenem Antrieb zu einem Schläfchen hinbegibt, dann hast du das Spiel gewonnen.

Die einzige Regel, die du zu befolgen hast, ist diese: Wechsle weder den „Platz" noch das Hörzeichen. Wappne dich mit Geduld, selbst wenn es einige Wochen dauert, bis er auch nur wenige Minuten auf seinem „Platz" bleibt. Es wird dir das Zusammenleben mit ihm unschätzbar erleichtern, wenn du ihn von Zeit zu Zeit in seinen Schlafwinkel schicken kannst, damit er dir nicht fortwährend unter die Füße kommt. Doch erst viel später wirst du erkennen, wie richtig du handelst, wenn du beim Welpen die Voraussetzungen für die beiden wichtigen Gehorsamsleistungen „Platz" und „Bleib da" schaffst.

Überdies hast du nun eine ausgezeichnete Möglichkeit, den Welpen zu bestrafen, ohne ihm körperlich weh zu tun. Wenn er sich trotz aller Belehrung schlecht aufgeführt hat, schilt ihn tüchtig aus und schick ihn dann mit einem scharfen „Platz" in sein Bett. Mehr als alles andere wird dies dir helfen, ihm die verschiedenen Verbote einzuprägen.

Du kannst freilich von einem kleinen Welpen nicht erwarten, daß er auf der Stelle gehorcht und auf unbestimmte Zeit am „Platz" verharrt. Straf ihn also nicht, wenn er sich zaudernd davontrollt oder sich nach kurzer Zeit erhebt. Schick ihn wieder zurück, geh mit ihm an seinen „Platz" und wiederhole deinen Befehl. Wenn du der Meinung bist, daß sein Gehorsam lange genug gewährt hat, ruf ihn zu dir. Doch wahre immer den nötigen Ernst. Es sieht sehr drollig aus, wenn er sich Zoll um Zoll wie ein Kundschafter vorwärtsbewegt oder hinter einem Stuhl hervorlugt, um zu sehen, ob die Luft rein ist. Wenn du über ihn lachst, hast du die Partie verloren. Er weiß dann, daß er sich nur als Schelm aufzuführen braucht, damit du den kürzeren ziehst.

Ein Welpe, der sich hartnäckig weigert, auf seiner Liegestatt zu bleiben, kann am „Platz" mit einer leichten Kette angebunden werden, niemals jedoch mit seiner Leine, die im Handumdrehen in Stücke zerkaut wäre. Wenn du den Befehl „Bleib da" gibst und er dagegen durch Winseln und Bellen Einspruch erhebt, so mußt du tun, als ob du nichts hörtest. Seine Proteste werden bald verstummen.

**Folgen ohne Leine** (vergl. Tafel 2). Du wirst wahrscheinlich der Meinung sein, daß nur ein gründlich abgerichteter Hund seinem Herrn ohne Leine willig folgt. Es ist wahr, „Folgen frei bei Fuß" stellt ein schwieriges Pensum dar. Trotzdem behaupte ich, daß man dem Welpen in kurzer Frist und mit nur geringem Aufwand an Mühe beibringen kann, auch abgeleint folgsam mitzugehen. Der Grund ist einfach: Einer der stärksten Instinkte des Welpen kommt uns dabei entgegen.

Je jünger der Hund ist, desto weniger wünscht er, seinen Herrn aus dem Auge zu verlieren. Im Hause mag das oft unbequem sein, weil er dir mit Vorliebe auf den Fersen folgt und keinen Versuch, ihn abzuschütteln, ohne Protest hinnimmt. Doch das gleiche Kleben am Herrn, lästig daheim, ist im Freien von großem Vorteil, zumal an einem sicheren Ort, wo man ihn nicht an der Leine zu führen braucht. Der gleiche Welpe, der dir, angeleint, wenig Aufmerksamkeit geschenkt und ständig von dir weggestrebt hat, wird nun sein Verhalten jählings und von Grund auf ändern. Sobald du zu weit voraus bist, wird er in Windeseile an deine Seite stürzen, auch ohne gerufen zu sein. Er ist sich seiner Abhängigkeit von dir bewußt. Er liebt dich und ist zu klug, seine gute tägliche Mahlzeit aufs Spiel zu setzen.

Richtiges „bei Fuß" bedeutet natürlich mehr als seinen Verzicht darauf, dir davonzurennen. Aber der Vorteil, ihn von der Leine nehmen zu können und ihn doch willensmäßig zu beherrschen, ist bestimmt etwas Mühe wert. Wenn du auf dem Lande lebst, ist jeder Feldweg zugleich ein Übungsweg, indem du den Welpen frei neben dir herlaufen läßt; hast du in der Stadt einen größeren Hof oder Garten zur Verfügung, so unternimm den Versuch dort.

Deine wichtigste Regel sei: Fang früh damit an. Mit drei Monaten ist der Drang noch stark in ihm, dir so nahe wie möglich auf den Fersen zu bleiben. Selbst wenn er am geschäftigsten ist, einen höchst fesselnden Geruch zu untersuchen, wird er sofort mit dem Schnüffeln aufhören und dir folgen, sobald du deine Schritte beschleunigst und dich von ihm um einige Meter entfernst.

Die Belehrung ist einfach, weil der Welpe immer von der Furcht beseelt ist, er könne dich verlieren, sein Instinkt also auf der Seite des Erziehers ist. Mach ihn getrost von der Leine los und geh ruhig weiter, indem du ihn beim Namen rufst und als Sichtzeichen mit der Hand an dein linkes Bein klopfst. Dieses Sichtzeichen ist ihm aus der Lehrzeit der Leinenführigkeit vertraut. Benutze aber jetzt niemals das Hörzeichen „Fuß". Da es etwas wesentlich anderes bezweckt als ein lockeres Mitgehen, würde die vorzeitige und verkehrte Anwendung später nur Verwirrung in seinem Hirn anrichten. Sollte er zu weit zurückbleiben, so ruf seinen Namen, geh in Laufschritt über oder bediene dich der Kunstgriffe, mit denen du ihm das „Kommen auf Ruf" beigebracht hast. Bei wirklicher Widerspenstigkeit, wenn der Junghund sich schon unabhängiger zu fühlen beginnt und sich um dich nicht kümmert, ist das Versteckspiel eine ausgezeichnete Kur. Kaum ist es ihm zum Bewußtsein gekommen, daß du verschwunden bist, schaut er sich schon um, und bist du dann immer noch wie vom Erdboden verschluckt, so hat er die Nase am Boden, emsig schnüffelnd, um deine Fährte zu finden. Wenn er völlig ratlos geworden ist, unglücklich dreinblickt wie ein verwirrtes Kind, so ruf ihn, um ihm kundzutun, wo du bist. Er wird den kleinen Schrecken nie vergessen und dich das nächstemal besser im Auge behalten.

Wende das gleiche Verfahren an, wenn er zu weit voraus ist. Kommt er nicht auf Ruf, so marschiere in umgekehrter Richtung davon. Sei sicher, er kommt dir nach, so schnell ihn seine Beinchen tragen können.

Vielleicht muten die unmittelbaren Ergebnisse dieses Lehrpensums ein wenig mager an, zumal einen Städter. Der eine oder der andere lehnt möglicherweise die Übung in Bausch und Bogen ab, weil er keine Möglichkeit sieht, den Hund frei laufen zu lassen. Dennoch sollte gerade er meinen Rat nicht verschmähen, weil er sich dadurch den Schrecken erspart, zusehen zu müssen, wie sein Hund sich gleich einem Rasenden gebärdet, wenn er sich einmal durch Zufall von der Leine frei macht. Für jeden ergibt sich auch einmal die Möglichkeit, zu einem Besuch aufs Land zu kommen. Wie angenehm dann für dich und deinen Hund, ihn frei herumlaufen lassen zu können, weil du seiner sicher bist. Was in deiner Macht liegt, solltest du tun, um deinem Hunde jede nur mögliche Freiheit zu gewähren.

Es gibt zwar Hundebesitzer, die das nicht über sich bringen. Gerade ihre Überängstlichkeit erregt in dem ständig an der Leine geführten Hund ein übermächtiges Verlangen nach Freiheit, nach Erlösung von jedwedem Zwang. Käme der Hund frei, so würde er wie ein geölter Blitz davonschießen. Diese Hundeführer erkennt man sofort daran, daß ihren Hunden jede Leinenführigkeit fehlt. Sie zerren ihren Herrn bald hierhin, bald dorthin und gebärden sich wie toll, wenn sie einem andern Hunde begegnen.

**„Sitz" und „Bleib da"** (vergl. Tafel 4). Es gibt nur einen Grund, dem Welpen das „Sitz" ziemlich früh beizubringen. Wenn du zu lange damit wartest, lernt er es möglicherweise von selbst und bringt dich um einen kleinen Triumph.

Sitzen ist die natürliche Stellung für einen Hund, wenn er auf etwas Angenehmes wartet. Mach selbst den Versuch. Nähere dich dem Welpen mit einem Leckerbissen in der Hand. Halte ihn so, daß er ihn nicht durch Luftsprünge erreichen kann. Ein paarmal wird er danach schnappen, dann sich jedoch hinsetzen und sehnsüchtig emporblicken. Oder lege die Leckerei auf die Tischkante. Du erlebst den gleichen Vorgang. Wenn du ihm also „Sitz" auf Befehl beibringen willst, hast du nichts anderes zu tun, als die Umstände herbeizuführen, die ihn zum Sitzen nötigen. Der kluge Herr eines klugen Welpen begnügt sich mit dem Hörzeichen „Sitz" ohne jede erläuternde Gebärde und findet den gewünschten Gehorsam. Er hält einen Leckerbissen in die Luft, sagt scharf „Sitz" und gibt ihn dem Hund, sobald er sich wirklich gesetzt hat.

Das ist freilich ein abgekürztes Verfahren und noch dazu ein ziemlich primitives. Aber wenn es nur seinen Zweck erfüllt, soll es uns recht sein.

Wenn du mehr Zeit darauf verwenden kannst und mehr erreichen willst, bring ihm das „Sitz" systematisch auf folgende Weise bei:

Lege ihm zunächst Halsband und Leine an und beginne die Übung damit, daß der Welpe vor dir steht. Geh auf ein Knie nieder, lege die rechte Hand auf das Halsband um die Kehle und die linke Hand auf seine Kruppe. Gib scharf das Hörzeichen „Sitz" und drück ihn mit der linken Hand nieder, während du ihm mit der rechten vorn einen stützenden Halt gibst. Diese beiden Gesten und das Hörzeichen müssen gleichzeitig erfolgen. Sobald er sitzt, wiederhole das Hörzeichen in langer Dehnung: „S-i-i-tz!" Sieh ihm ins Auge, während du ihn einige Augenblicke in dieser Stellung beläßt. Dann gib ihn frei mit einem lobenden: „So ist's brav!" Laß ihn herumspringen als Ausdruck der Genugtuung über seine Leistung; aber halte ihn am Ende der Leine fest, damit er sich nicht zu weit entfernt. Wiederhole die Übung einige Male, bis du sicher bist, daß er sich aus freien Stücken setzt, sobald er die erste leise Berührung deiner Hand auf dem Rücken spürt.

Der zweite Übungsabschnitt beginnt in der gleichen Stellung wie der erste; nur ergreifst du diesmal das Halsband mit der Linken, während die rechte Hand frei bleibt, um das Sichtzeichen zu geben, den streng erhobenen Zeigefinger. Diese Gebärde dient dazu, die Aufmerksamkeit des Welpen zu fesseln. Schon beim Aufblicken bereitet er sich darauf vor, sich niederzusetzen. Erhebe also den Finger in der geschilderten Weise, gib das Hörzeichen „Sitz" in scharfem Ton, ohne dabei das Halsband loszulassen. Wenn du seinen Fortschritt richtig berechnet hast, setzt er sich jetzt. Hast du dich in deiner Berechnung getäuscht, so wirst du zur alten Taktik zurückkehren müssen: Linke Hand auf seiner Kruppe, die rechte am Halsband. Wiederhole den Befehl und drück ihn dabei nieder.

Dieser zweite Lehrabschnitt kann erst dann als abgetan gelten, wenn der Welpe sich setzt, ohne daß du dabei seinen Rücken berührst. Dann erst fang mit dem dritten Pensum an. Knie nicht nieder, sondern bleib vor ihm stehen, die Leine in der linken Hand. Zieh die Leine mit einer Aufwärtsbewegung straff, so daß sie gerade ausgestreckt ist, jedoch ohne einen Zug auf das Halsband auszuüben. Gib das Sichtzeichen mit dem rechten Zeigefinger, sag scharf „Sitz", beug dich etwas vor und zieh sanft an der Leine. Halte den Welpen mit Hilfe des Sichtzeichens ein paar Augenblicke fest, ihn gebieterisch anschauend unter Wiederholung des lang gedehnten „S-i-i-i-tz", dann gib ihn frei und lobe ihn tüchtig.

Wenn du diese drei Abschnitte in einer einzigen Sitzung von zehn Minuten durchnehmen kannst, hast du eine Leistung vollbracht, die sich sehen lassen darf. Hüte dich jedoch davor, mehr zu verlangen, solange das wenige nicht richtig verstanden und ausgeführt worden ist.

Sollte der Welpe deinem erhobenen Zeigefinger nicht genügend Aufmerksamkeit schenken, so versuch es mit einem Hundekuchen, den du zwischen den Fingern hältst. Es handelt sich ja nur darum, den Welpen zum Emporschauen zu bringen und seine Aufmerksamkeit zu erregen. Gib ihm den Bissen erst, wenn die ganze Übung abgeschlossen ist; sonst erziehst du ihn dazu, nach jeder kleinen Leistung zu betteln. Gib dich damit zufrieden, wenn er gegen Schluß der ersten Lektion zehn Sekunden lang in sitzender Stellung verharrt; denn das bedeutet, daß er den Befehl „Sitz" endgültig erfaßt hat.

Tags darauf beginne mit einer andern Lektion. Fang diesmal sofort mit dem dritten Abschnitt an, in der Voraussetzung, daß er heute noch weiß, was er gestern gelernt hat. Hat er sich gesetzt, so tritt einen Schritt zurück, die Leine in der Hand, den Zeigefinger erhoben, und befiehl: „Bleib da!", wieder in gedehntem Ton. Wie du bereits bemerkt hast, wird das scharfe Hörzeichen gewählt, wenn wir schnellen Gehorsam wünschen, das gedehnte, wenn wir ein Verharren bewirken wollen. Sollte er aufspringen, so sagst du „Pfui", kehrst zu ihm zurück und wiederholst die Übung, bis er sitzenbleibt, während du dich abkehrst. Je nach Rasse und Temperament werden einige Welpen mehr Ausdauer zeigen als andere. Wenn dein Welpe Ansätze zu dieser Ausdauer zeigt, fahre mit dem Pensum fort.

Gib ihm das Hörzeichen „Sitz" wie zuvor, geh aber jetzt mit der Leine in der Hand vor ihm auf und ab, soweit die Länge der Leine es erlaubt, auch halbwegs um ihn herum, indem du ab und zu „Bleib da" wiederholst. Er wird dir natürlich mit den Augen folgen, aber jede sonstige Regung mußt du sofort mit einem strengeren „Bleib da" unterdrücken.

Der kritische Punkt ist erreicht, wenn du dich so weit fortbewegst, daß die Leine nicht mehr ausreicht. Leg sie so auf den Boden, daß du die Möglichkeit hast, sofort darauf zu treten, wenn er aufspringt. In diesem Fall gibst du dein Mißfallen mit einem „Pfui" zu erkennen und beginnst von vorn. Ein vier bis sechs Monate alter Welpe wird höchstens eine Minute sitzenbleiben, wenn sich sein Herr auf der andern Seite des Zimmers befindet. Gib dich aber auch mit dreißig Sekunden zufrieden.

Eine beachtenswerte Regel ist diese: Wenn du deinen Welpen zu einer gewissen Ausdauer und Zuverlässigkeit im „Bleib da" erziehen willst, beendige die Übung nicht damit, daß du ihn zu dir rufst, son-

66

dern damit, daß du zu ihm zurückkehrst. Der Unterschied zwischen den beiden Übungsabschlüssen ist psychologischer Art. Wenn er weiß, daß er sitzenbleiben muß, bis du zurückkommst und ihn freigibst, ist er weniger geneigt, aufzuspringen und damit die Übung vorzeitig abzubrechen. Oder er wird sich, wenn er es doch tut, als kleiner Sünder fühlen und eine schuldbewußte Miene zur Schau tragen. Dadurch macht er es dir leicht, die Übung unter Korrektur seines Fehlers zu wiederholen. Aber auch wenn er nicht gleich aufspringt, wartet er doch so eifrig auf deinen Ruf, daß die Versuchung, ihn vorauszunehmen, ständig gegenwärtig ist, bis er ihr erliegt. Mach es dir also zur Regel, zu ihm zurückzukehren. Das geschieht am besten in der Weise, daß du links an ihm vorbeigehst, ihn eng umkreist und an seiner rechten Seite stehenbleibst. Erst dann gib ihn frei. Denn so wird die Übung später bei der korrekten Ausbildung ablaufen. Sie erfordert vom Hund den höchsten Grad der Ausdauer, und gerade das soll er ja lernen.

Damit sind wir jedoch bei Aufgaben, die den halb erwachsenen Hund betreffen. Wenn ich hier erwähne, wie sich die Übung später abwickelt, so deshalb, weil die meisten Welpen „Sitz" und „Bleib da" sehr schnell lernen. Aber darum brauchst du dich nicht gezwungen zu fühlen, dem Welpen die ganze Übung beizubringen. Du kannst zufrieden sein, wenn er sich auf Hör- und Sichtzeichen setzt und fünfzehn bis zwanzig Sekunden in dieser Stellung bleibt, bis du wieder bei ihm bist.

Ist ihm dieses Pensum in Fleisch und Blut übergegangen, so kannst du mit ihm das „Sitz" bei jeder sich bietenden Gelegenheit üben, zum Beispiel wenn du mit ihm an den Randstein kommst und auf das grüne Verkehrslicht warten mußt. Er hält sich hier natürlich links neben dir, weil seine Aufmerksamkeit auf die Straße gerichtet ist. Du kannst ihm also kein Sichtzeichen mit erhobenem Zeigefinger geben und wirst es durch einen leisen Ruck an der Leine ersetzen müssen.

**Zusammenfassung.** Hiermit ist die Liste der Befehle abgeschlossen. Wir fassen noch einmal zusammen, welche Gehorsamsleistungen der Welpe im Alter von drei bis sechs Monaten ohne größere Anstrengung lernen kann: Herankommen auf Ruf; zum „Platz" gehen und dort bleiben; folgen, ohne angeleint zu sein; „Sitz"; „Bleib da".

Lehre den Welpen nur, was du in deinem besonderen Fall für notwendig und richtig hältst. Mach keine Übung länger als zehn Minuten.

Seine Sammlung und Aufmerksamkeit werden nach diesem Zeitraum schwinden. Benutz anfangs nur umfriedete Plätze als Übungsort; steht nichts anderes zur Verfügung, dann übe im geräumigsten Zimmer deiner Wohnung. Mit ein bißchen Scharfsinn entdeckt auch der Städter eine geeignete Stelle. Vielleicht besitzt der Nachbar einen kleinen Hof, oder es findet sich in der Nähe ein unbebautes Grundstück. Ich habe Hundefreunde beobachtet, die mit ihren Hunden abends auf leeren Park- und Spielplätzen übten. Tröste dich über alle Unbequemlichkeiten mit der schlichten Weisheit: Was du den Welpen gelehrt hast, brauchst du dem Hund nicht beizubringen.

### 8. Die Verbote im Freien

Wenn es schon wahr ist, daß sich die wenigen unabdinglichen Befehle dem Hunde am besten in der Kindheit einprägen lassen, so trifft das auf die Verbote doppelt zu. Jede schlechte Gewohnheit, die man beim Welpen duldet, wird beim Hund zu einer schwer auszurottenden Unart. Von dir allein hängt es ab, ob er mit einem Sittenkodex für gutes Hundebenehmen aufwächst oder nicht. Wenn du ihm auch nur eine Unart durchgehen läßt, vergißt er es nie und wird immer wieder versuchen, damit durchzukommen. Wenn ihm hingegen frühzeitig klar wird, daß gewisse Dinge verboten sind und verboten bleiben, wird er diese Erfahrung in seine Vorstellung vom Hundebenehmen einschließen und entsprechend handeln.

Die wirkliche Schwierigkeit in der Erziehung des Welpen liegt in der Notwendigkeit, konsequent zu sein. Allzu oft finden wir ihn zu „drollig", um ausgescholten zu werden. Lachst du über das Bürschchen, wenn es deinen Schuh herumschleppt, der fast so groß ist wie das Tierchen selbst, so wird es dies das nächstemal mit noch größerem Eifer tun, weil es dein Lachen gerechterweise als Beifall nimmt. Dann kommt der Tag, wo du den gleichen Schuh in Stücke zerkaut findest, und diesmal ist dir das Lachen vergangen. Doch für den Welpen ist dein Mißvergnügen unbegreiflich. Befolge also die einzig vernünftige Regel: Erlaube dem Welpen nichts, was du nicht auch dem erwachsenen Hund gestatten würdest.

**Fußwegreinheit.** Den Bürgersteig – das Trottoir – nicht zu beschmutzen, sondern sein Bedürfnis im Rinnstein zu verrichten, ist

Gewöhnung an den Rinnstein. Aber wo ? ? ?

eine Anstandsregel, die jeder Stadthund zu lernen und zu befolgen hat. Aber wie? Mehr und mehr steht man vor der Tatsache, daß in den Straßen der großen Städte die parkenden Autos am Randstein eine lange Schlange bilden.

Wenn man Glück hat, findet man vielleicht ein Plätzchen bei einem Feuerhydranten. Meine eigene Lösung ist ein Spaziergang im Park. Doch nicht überall ist den Hunden der Zutritt gestattet. In kleineren Städten besteht dieses Problem natürlich nicht; dort wird man auch in den Straßen überall einen geeigneten Platz finden.

Das wäre die eine Schwierigkeit, die andere ist der Zeitpunkt der Gewöhnung. Allzu früh darfst du nicht damit anfangen. Solange du noch mit der Erziehung des Welpen zur Stubenreinheit beschäftigt bist, hast du kein Recht, wählerisch in Bezug auf den Platz zu sein, wo sich der Welpe auf der Straße erleichtert. Die Tatsache, daß er es draußen tut und nicht drinnen, ist Verdienst genug. Gefährde den Fortschritt nicht, indem du ihn auch noch in den Rinnstein zerrst. Er weiß jetzt, daß er in der Wohnung unterbrochen wird, wenn er Anstalten trifft, sich niederzuhocken; geschieht es auch draußen, so kommt der arme kleine Bursche zu dem bestürzenden Eindruck, daß es in dieser Welt kein Plätzchen für ihn gibt, wo er seine Notdurft verrichten darf.

Der richtige Zeitpunkt für die Gewöhnung an den Rinnstein ist der Augenblick, wo sich der Welpe für die dort aufsteigenden Gerüche zu interessieren beginnt. Du kannst dieses Interesse fördern, indem du ihn klugerweise am Rande des Trottoirs spazieren führst. Andere Hunde haben vor ihm den Rinnstein benutzt, und dein Welpe kann nicht umhin, die verlockenden Gerüche zu bemerken. Ich kann kein großes Übel darin erblicken, daß ein winziges Hündchen in den ersten Tagen seiner Gewöhnung den Bürgersteig benutzt. Die Spuren, die es hinterläßt, sind zu geringfügig, als daß sie dein Gewissen besonders belasten müßten. Hat der Welpe aber erst einmal gelernt, die Straße als sein W.C. anzusehen, so erlaube ihm nicht mehr, den Bürgersteig zu verunreinigen. Zieh ihn sanft zum Rinnstein hin und lob ihn: „So ist's brav", wenn er dort seine Pflicht erfüllt hat. Wehre ihm mit einem „Pfui", sobald er sich anschickt, sein Geschäftchen auf dem Bürgersteig zu machen. Dieses „Pfui" muß, je nach dem Grad seines Verhaltens, von mildem Vorwurf bis zu scharfem zurechtweisendem Ruf gesteigert werden, der ihn wie unter einem Peitschenhieb zusammenzucken läßt.

**Verhalten andern Hunden und Katzen gegenüber.** Bewahre deinen Welpen vor jeder Berührung mit andern Hunden, die du nicht kennst. Indessen ist nichts dagegen einzuwenden, wenn er ein paar Spielkameraden hat, von denen du weißt, daß sie gesund und nicht bösartig sind.

Nicht jeder Hund ist auf die Gesellschaft anderer Hunde erpicht. Ganz besonders bei Hündinnen wird man finden, daß sie häufig weder Hündinnen noch Hunde beachten, außer wenn sie läufig sind. Aber Jungtiere, die ständig von ihresgleichen ferngehalten werden, können so begierig nach Gesellschaft werden, daß sie sich wie toll gebärden, sobald sie einem andern Hund begegnen; oder aber sie zeigen Furcht vor ihresgleichen. Wie überall ist auch hier der Mittelweg der beste. Ein Welpe sollte so viel Spiel und Freiheit haben, wie man ihm gewähren kann, ohne daß seine Sicherheit gefährdet wird.

Wenn dein Welpe an der Leine zieht, um in die Nähe eines andern Hundes zu gelangen, kannst du sicher sein, daß er keinen Angriff im Sinn hat. Welpen sind nicht bösartig; aber der ältere Hund kann niederträchtig sein oder den Eifer des jüngeren mißverstehen und mit einem Zuschnappen beantworten. Laß bei einem Welpen nicht die Gewohnheit einreißen, daß er ein Schauspiel bietet, sobald ein anderer Hund in sein Gesichtsfeld gerät. Beuge dem vor, solange er noch klein ist. Ein scharfes „Pfui" und ein Zug an der Leine, früh genug angewandt, werden ihn rasch zur Vernunft bringen. Bricht er etwa in wil-

Verzeihung, aber er hat Damen so gern!

des Gebell aus, so versetz ihm einen Klaps mit der Zeitungsrolle über
die Schnauze oder wirf ihm, wenn nichts anderes zur Hand ist, deinen
Handschuh mit einer schnellen Bewegung mitten ins Gesicht. Hat er
bereits das „Sitz" gelernt, so ist es sehr dienlich, ihm beim Näher-
kommen eines andern Hundes den Befehl „Sitz" zu geben. Damit
erzwingt man ein ruhiges Verhalten.

Katzen sind eine ganz andere Sache. Selbst wenn dein Welpe nicht
die sprichwörtlich feindseligen Gefühle gegen das gesamte Katzen-
geschlecht hegt, wird er sich bald durch den Buckel und das Zischen,
womit die Katze ihn begrüßt, herausgefordert fühlen. Halte ihn
darum grundsätzlich von allen Katzen fern, mit einem scharfen „Pfui"
und einem Zug an der Leine oder, wenn er sich durch die sanfteren
Mittel nicht lenken läßt, durch einen Schlag mit der Zeitung. Du
wirst ihn dadurch zwar nicht von seinem Katzenkomplex heilen, immerhin wenigstens einen Zweikampf verhindern, in dem er böse zer-
kratzt werden kann, worauf er sich wahrscheinlich in einen unent-
wegten Katzenjäger verwandelt.

**Benehmen gegenüber Fremden und Kindern.** Das Benehmen deines Hundes Fremden gegenüber sollte auf der Straße gleichgültig und
nur innerhalb deiner vier Wände wachsam und argwöhnisch sein.
Wir wünschen ihn uns ja weder bösartig noch ängstlich; wir mögen
auch nicht, daß er an jedem emporspringt, der zufällig die Äußerung
tut: „Was für ein schöner Hund!" Auch hier gilt es, ihm das richtige
Verhalten beizubringen, solange er noch klein ist.

Wenn du eine unfreundliche Behandlung durch Fremde oder Kinder duldest, wird er später ihnen gegenüber furchtsam oder bösartig

werden. Die Zahl der Hunde, die rennende oder rollschuhlaufende Kinder anspringen, spricht für mich.

Kinder sind manchmal grausam. Sie lieben es, einen Hund um Witz und Verstand zu bringen, indem sie auf ihren Rollern so nahe wie möglich an ihm vorbeiflitzen. Im Winter werfen sie hinter deinem Rücken Schneebälle nach ihm – ihnen tut es ja nicht weh, wenn der Schnee hart gefroren ist. Im Sommer lassen sie Knallerbsen springen, gerade wenn du mit deinem Hunde vorbeigehst. Vollkommen normale Welpen sind durch derartige Streiche zu nervösen Wracks geworden. Ich rate dir deshalb mit allem Nachdruck, den Welpen vor Kindern zu schützen, bis er alt genug ist, selbst aufzupassen.

Entmutige ihn stets, zu viel Teilnahme an Fremden zu zeigen, sei es auf der Straße, im Lift oder im Laden. Gestatte auch nicht, daß dein Hund von fremder Hand gestreichelt wird. Ich weiß wohl, daß es Tausende von Hundefreunden gibt, die durch irgendeinen Umstand verhindert werden, selbst einen Hund zu halten, und nun über jeden niedlichen Welpen in Begeisterung geraten. Bedanke dich freundlich, wenn sie deinen Hund loben; aber dulde nicht, daß sie ihn anrühren. Er wäre natürlich gern der Mittelpunkt allgemeinen Entzückens, doch von da bis zum Emporspringen an jedwedem, den er auf sich aufmerksam zu machen wünscht, ist nur ein Schritt.

**Unrat- und Abfallfressen.** Dies ist ein sehr wichtiges Verbot. Die unersättliche Freßlust des Welpen und seine Neugier für alles, was riecht, verbunden mit der bedauerlichen Tatsache, daß selbst in den saubersten Straßen hier und da Abfälle umherliegen, schaffen eine gefährliche Gelegenheit für ihn, Unrat aufzunehmen. Für die Waldwege in der Nähe großer Städte gilt das in erhöhtem Maße. Einiges davon macht ihn vielleicht krank, anderes kann tödliches Gift sein. Die Leute werfen manchmal Mäuse- und Rattengift mit dem Küchenabfall weg; werden keine geschlossenen Abfallkübel verwendet, so kann davon leicht etwas auf die Straße geraten. Außerdem lauert im Hintergrund immer die düstere Gestalt eines Hundefeindes, der Hunde so haßt, daß er darauf aus ist, sie zu vergiften.

Du begreifst vielleicht nicht, warum dein wohlgenährter Liebling ein so starkes Verlangen nach übelriechendem Abfall an den Tag legt. Dein Unverständnis hängt damit zusammen, daß du ihn zu sehr vermenschlichst, wenn du meinst, schon aus natürlichem Ekel müsse er die Nase hochmütig abwenden. Seine Vorliebe für Gestank geht auf jene fernen Wildhundzeiten zurück, wo seine Vorfahren einen Teil ihrer Beute zu vergraben pflegten und sie erst wieder ausscharrten, wenn sie Hunger verspürten. Wir haben bereits gehört, welch eine beherrschende Rolle die Nase im Hundedasein spielt. Sei dir also darüber klar, daß der für dich abscheuliche Gestank für den Hund einen herrlichen Duft bedeutet.

Trotzdem sollte sein Interesse für Schmutz und Abfälle vom ersten Tag an unterdrückt werden. Das Zauberwort, mit dem du das bewirkst, ist das gleiche, mit dem du stets dein Mißfallen ausdrückst: „Pfui", und zwar sehr scharf gesprochen. Je größer sein Interesse am Abfall, desto schärfer dein Tadel. Unterstreiche das „Pfui" notfalls mit einem Aufstampfen und mit einem Zug an der Leine. Sollte er den Schmutz schon im Maul haben, so verlier keine Zeit mit Vorwürfen; sonst schluckt er den Brocken hinunter, so schnell er kann. Beug dich, ohne ein Wort zu sagen, zu ihm hinab, pack ihn mit der linken Hand am Halsband, preß mit der rechten seine Lippen gegen die Zähne und schüttle seine Schnauze so lange, bis er den „Leckerbissen" fallen läßt. Erst dann, wenn du ihn auf diese Weise vor einer möglichen Vergiftung bewahrt hast, erteile ihm eine Lehre. Ergreif ihn fest am Halsband und schlag mit unbarmherzigem Nachdruck auf den ausgespienen Brocken. Wenn du nichts anderes zur Hand hast, benutz dazu die Leine. Verlaß dich darauf, daß dein Vorgehen auf den Welpen einen unauslöschlichen Eindruck machen wird. Wiederhole das „Pfui" beim Schlagen.

Sollte das Verlangen nach Abfällen unausrottbar sein, dann bedarf es schärferer Mittel, um es dem Welpen auszutreiben. Lies das Kapitel „Futterverweigerung" (s. S. 141), das zur Erziehung des Junghundes gehört. Ich selbst pflege dieses Lehrpensum aufzuheben, bis mein Zögling in das zweite Halbjahr seines Lebens tritt; wenn es aber keinen andern Ausweg gibt, wirst du deinen Welpen früher abrichten müssen.

**Jagd auf Fahrzeuge.** Diese Unart war noch vor einigen Jahren sehr verbreitet. Heute sind wohl alle Stadthunde an den motorisierten Verkehr gewöhnt und würdigen die Autos, Motorräder und Lastwagen kaum einer Beachtung. Stadthunde werden in dieser Hinsicht selten erziehungsbedürftig sein. Doch wenn du auf dem Lande lebst und den Welpen frei herumlaufen läßt, wirst du ihm diese Unart abgewöhnen müssen, sobald er sie zeigt.

Bücher mit längst überwundenem Standpunkt empfehlen noch immer die Befestigung eines kurzen Knüppels am Hundehalsband. Wenn der Hund losrennt, schlägt der Knüppel ihm gegen die Beine, so daß er meist von der Verfolgung abläßt. Ich habe dieses barbarische Mittel nie erprobt und traue auch dir nicht zu, daß du deinen Hund ständig mit einem Stück Holz am Hals herumlaufen läßt. Es besteht außerdem kein Grund, warum er die alte Gewohnheit nicht wieder-aufnehmen sollte, sobald er von dem Knüppel befreit wird. Die beste Methode scheint mir diejenige zu sein, die sich für die Jagdhundab-richtung auf Niederwild eingebürgert hat. Die Jäger gewöhnen es ihren Hunden ab, Vögel zu hetzen, indem sie ihnen eine Schnur von zehn bis fünfzehn Meter Länge mit einem Schnappschloß ans Hals-band legen. Eine Schlinge am andern Ende gibt der Hand den nötigen Halt. Schnappschloß und Halsband müssen für diesen Zweck sehr fest sein; man wähle deshalb ein Kettenhalsband.

Geh nun mit dem an der Schnur gehaltenen Welpen in die Nähe einer Straße mit Motorverkehr, möglichst dahin, wo du ihn bereits dabei ertappt hast, wie er hinter einem fahrenden Auto dreinjagte. Berechne deine Entfernung von der Straße so, daß sie länger ist als die Schnur. Sobald ein Auto naht, laß sie etwa drei Meter ablaufen. Beobachte den Welpen. In dem Augenblick, wo er zum Sprung an-setzt, um dem Wagen nachzujagen, sag scharf: „Pfui". Bleibt er dann stehen, so lob ihn. Andernfalls laß ihn die ganze Länge der Schnur ablaufen. Halte die Schlinge fest in der Hand und laß ihn ruhig hin-purzeln, wenn er die Schnur abgelaufen hat. Sobald er wieder auf den Füßen ist, zieh ihn zu dir heran und schilt ihn tüchtig aus. Geh dann ein Stück weiter und wiederhole das Verfahren. Die Wahrscheinlich-keit spricht dafür, daß er nach seiner ersten Erfahrung mit der Schnur keinem Fahrzeug mehr nachlaufen wird. Hast du ihn dahingebracht, daß er eine Anzahl Wagen vorüberfahren läßt, ohne hinterher jagen zu wollen, so ersetz die Schnur durch die gewöhnliche Leine. Lockere sie beim Erscheinen des nächsten Fahrzeugs. Macht er auch nur den geringsten Versuch, aufzuspringen und nachzusetzen, so gib der Leine mit einem lauten „Pfui" einen scharfen Ruck und schilt ihn dann aus. Nur wenn er an der Leine vollkommen sicher ist, versuch es ohne sie. Laß im Gehen die Leine fallen, so daß er sie hinter sich herschleift. Doch bereite dich darauf vor, den Fuß sehr schnell auf die Leine zu setzen, wenn er sich zu stark für den Verkehr interessiert.

Als nächstes und letztes wird die Übung ohne Leine wiederholt. Spare nicht mit Lob, wenn er der Versuchung widersteht. Sollte er noch immer nicht geheilt sein, so gewöhne ihm die Unart mit Hilfe der Wurfkette ab. Dazu beobachte ihn an den folgenden Tagen durch ein offenes Fenster, während er sich abgeleint im Hof oder in der Nähe der Straße aufhält. Brenne ihm die Wurfkette als Überraschung auf, falls er versucht, einem Fahrzeug nachzusetzen.

Im allgemeinen bin ich nicht dafür, einen Hund außerhalb der Besitzung seines Herrn frei herumlaufen zu lassen. Wer jedoch anderer Meinung ist, sollte seinem Hunde schnellstens abgewöhnen, Fahrzeugen nachzuspringen; sonst wird man sich nicht lange an ihm erfreuen.

### 9. Die Verbote im Haus

Die zweite Verbotstafel für den Welpen regelt sein Benehmen im Haus. Da er sich in den meisten Fällen mehr in der Wohnung aufzuhalten pflegt als im Freien, gehen die Regeln für sein Verhalten innerhalb der vier Wände allen andern vor. Ein Welpe, der sie dauernd übertritt, ist für seinen Herrn eine nie versiegende Quelle des Ärgers und der Unruhe.

Es sei mir erlaubt, hervorzuheben, daß es keinen Hund gibt, dem schlechtes Betragen angeboren ist. In jedem einzigen Fall lassen sich üble Gewohnheiten auf Fehler zurückführen, die sein Besitzer begangen hat. Die Welpenzeit des Hundes ist seine Lehrzeit. Jetzt mußt du ihn erziehen. Wenn du ihm in den ersten Monaten eine Unart durchgehen läßt, erschwerst du dir unnötigerweise deine spätere Aufgabe.

**Hochspringen am Menschen.** Es gibt Hundebesitzer, die sich nichts daraus machen, wenn ihre Kleider dauernd den Abdruck schmutziger Pfoten zeigen. „Das Tier hängt so an mir", sagen sie nachsichtig, „es will mir nur seine Liebe beweisen." Diese Leute werden eines Tages mit Verwunderung feststellen, daß ihre Freunde sie nicht mehr besuchen, oder, wenn sie doch kommen, nervös sind und dauernd auf der Hut vor der Annäherung des Welpen. Sogar ein begeisterter Hundefreund sollte begreifen, daß es Menschen gibt, die sich nicht gern von schmutzigen Pfoten betasten lassen.

Der Welpe, dem du gestattest, an dir hochzuspringen, wird auch alle Besucher auf die gleiche Weise begrüßen. Ganz logisch glaubt er, daß die Freudenkundgebung, die dich beglückt, auch deinen Freunden gefällt. Darum muß ihm zum frühest möglichen Zeitpunkt klargemacht werden, daß er an keinem Menschen hochspringen darf, weder an dir noch an einem andern. Er tut es ja nur in der Meinung, daß dir an diesem heftigen Ausdruck seiner Gefühle viel gelegen ist. Begreift er, daß er dich damit keineswegs erfreut, so hört er damit auf. Aber erziehe zuerst dich selbst; entschließe dich, wenn du heimkommst und ihn freudig bellen hörst, ihn nicht zu einer Umarmung zu ermuntern. Statt dessen mache dir eine verneinende und eine bejahende Richtschnur des Verhaltens zur Regel:

1. die verneinende Richtschnur: Verhindere ihn, an dir hochzuspringen. Entmutige ihn, schüttle ihn, schilt ihn aus;

2. die bejahende Richtschnur: Zeige ihm als Ersatz eine andere Möglichkeit, seine Freude zu äußern.

Der verneinende Teil des Pensums ist einfach. Es gibt viele Mittel, dein Mißfallen zu äußern: Das scharfe „Pfui"; das Wegstoßen mit hartem Griff um die Vorderpfoten, ein heimlicher – mit Vorsicht auszuübender – Tritt auf die Hinterpfoten; ein hochgehobenes Knie, gegen das er prallt, wenn er an dir emporspringt. Begleite jede Abwehr mit einem scharfen „Pfui". Besonders hartnäckige Hunde lassen sich durch einen Klaps mit der Zeitungsrolle über die Schnauze entmutigen. Doch was tun, wenn du ihn auf diese etwas rauhe Weise bitterlich enttäuscht hast? Er wird in jämmerlicher Haltung dastehen, mitleiderregend bestürzt, sich fragend, womit er deine Zuneigung verscherzt hat. Damit beginnt der bejahende Teil des Pensums.

Wähle unter mehreren Möglichkeiten die dir angenehmste Begrüßungsform. Du kannst ihn sich setzen lassen und dann nach Herzenslust streicheln oder ihn, während er steht, liebkosen oder ihn um seine Pfote bitten – es spielt keine Rolle, auf welchen Ersatz du verfällst. Du mußt nur im Auge behalten, daß du gegen seine Begrüßung als solche nichts einzuwenden hast, sondern nur gegen die Sprünge und Stöße, die er als den richtigen Ausdruck seiner Gefühle betrachtet. Also nimm ihm nicht die Begrüßungsfreude an sich, und kränke ihn nicht, indem du ihn nur wegstößt und ausschiltst, ohne ihn sofort hinterher die Form zu lehren, in der du gern willkommen geheißen werden möchtest, und die auch deine eigene Zärtlichkeit auslösen wird.

Sollte er dir gegenüber das Emporspringen lassen, doch nun deine Freunde und Besucher zum Gegenstand eines Freudentaumels machen, so wirst du sie bitten müssen, diese Zudringlichkeit in gleicher Weise wie du abzuwehren. Sei aber auf der Hut vor Leuten, die deinen Hund zum Emporspringen ermuntern. Im Handumdrehen können sie alles in Frage stellen, was er bei dir gelernt hat.

**Das Liegen auf Betten und Polstermöbeln.** Solltest du etwa die Absicht haben, deinem Hunde volle Bewegungsfreiheit in deiner Wohnung einzuräumen, eingeschlossen die beliebige Benützung der Sessel, des Sofas, der Couch und der Betten als Ruheplätzchen, so überschlag diesen Abschnitt. So unwahrscheinlich es nämlich klingt, es gibt nicht wenige Hundebesitzer, die ihren Liebling stundenlang in der Wohnung sich selbst überlassen müssen, und die nichts gegen die Freiheiten einzuwenden haben, welche er sich herausnimmt. „Es ist schlimm genug, ihn allein lassen zu müssen", bringen sie als Entschuldigung vor, „soll er sich wenigstens auf meinem Bett trösten." Doch für den Fall, daß du nicht zu diesen Übernachsichtigen gehörst, will ich dir sagen, wie du deinen Hund davon abhältst, Bett und Polstersessel zu benutzen.

Was macht denn unseren vierbeinigen Hausgenossen so begierig, diese verbotenen Plätze zu erklimmen? Etwa nur die Bequemlichkeit? Nein, er hat einen besseren Grund für die Bevorzugung. Das Bett seines Herrn ist ein wahres Paradies für seine Nase, weil es so viel vom Geruch des geliebten Wesens enthält. Außerdem ist es ein weiches und gemütliches Fleckchen.

Ein sehr junger Welpe ist glücklicherweise noch nicht imstande, hoch genug zu springen, um auf dein Bett oder deine Couch zu gelangen. Aber recht bald wird er Versuche in dieser Richtung anstellen und zu erkennen geben, wie gern er dort oben wäre. Dies ist der Augenblick, ihm klarzumachen, daß du ihn keineswegs dort zu haben wünschst. Verhindere ihn also, hinaufzukommen, und präge ihm durch dies Einschreiten, gewürzt mit dem Zauberwort „Pfui", mit aller Deutlichkeit ein, daß dieser Platz jetzt und künftig für ihn tabu zu sein hat.

Ich brauche wohl nicht darauf hinzuweisen, daß jede künftige Belehrung des Welpen im voraus durchkreuzt wird, wenn du ihn selbst auf die Couch hebst und sein Schläfchen mit dir teilen läßt. Hat er erst einmal das Vorrecht genossen, so wird er es immer verlangen. Auch hier gilt die erste Forderung deiner eigenen Willenskraft: Laß deinen Welpen niemals auf verbotene Plätze hinauf.

Bleibst du in dieser Haltung konsequent, so wird er ganz von selbst die unsichtbaren Verbotstafeln erkennen. Brich seine Klimmversuche durch ein „Pfui" ab und, wenn nötig, durch einen Klaps mit der Zeitungsrolle auf die Pfoten. Noch besser: Klapse ihn überhaupt nicht, sondern schlag auf das Bett oder den Stuhl, die er zu erreichen trachtet. Wenn du den Welpen in den ersten Monaten eurer Hausgemeinschaft sich selbst überlassen mußt, sperr ihn entweder in einem geschlossenen Raum ein, der keine Versuchungen enthält und keinen andern Ruheplatz als sein eigenes Bettchen, oder verbarrikadiere, falls dir kein anderer Raum zur Verfügung steht als dein eigenes Zimmer, Bett und Couch, indem du zwei Stühle quer darüberstellst. Das dürfte genügen.

Solltest du entdecken, daß er heimlich verbotene Plätze benutzt, oder sollte eine verdächtige Kuhle auf dem Bett seine frühere Anwesenheit verraten, so mußt du ein wenig strenger sein. Pack ihn am Halsband und halt ihn nahe an die verdächtige Stelle, während du herzhaft mit der Zeitungsrolle darauf schlägst. Wahrscheinlich wird er dabei winseln und heulen, als ob er selbst die Hiebe bezöge. Wenn er den Kniff durchschaut und ruhig zuguckt, wie du das Bett strafst, dann wird die Zeitungsrolle besser auf seiner Kehrseite, wenn auch mit aller Mäßigung angewendet.

Gleich danach schick ihn auf sein eigenes Plätzchen. Hierbei kommt dir die Erziehung, die unter das Hörzeichen „Platz" fällt, sehr zustatten.

Du wirst nun schon wissen, worauf es beim Welpen ankommt: Ihm nicht nur zu erklären, was falsch ist, sondern ihm auch zu zeigen, was richtig ist. Wenn das konsequent geschieht, wird er bald alle Versuchungen der Umwelt vergessen.

**Betteln und Stehlen.** Ich erwähnte bereits die unersättliche Freßlust des Welpen. Er ist immer bereit, Nahrung zu sich zu nehmen, vor allem zwischen den Mahlzeiten. Ein verzogener Welpe wird immer betteln kommen, zumal wenn du in der Küche beschäftigt bist oder dich zum Essen niedersetzt. Das Rascheln von Einschlagpapier oder das Knacken der Kühlschranktür wird für ihn das Rufzeichen sein, worauf er herbeiläuft, sich vor dir niederläßt und dich hungrig anstarrt. Einige Welpen bedienen sich nur ihres traurigsten Blickes, um den Menschen zu erweichen, andere auch ihrer Stimme. Die meisten warten bloß auf die Gelegenheit, einen Leckerbissen zu stehlen und sich dann damit davonzumachen.

Wenn du willst, daß dein Hund ein Bettler und Dieb wird, dann überschlag diesen Abschnitt. Doch laß dir gesagt sein, daß ein bettelnder Hund zwar „drollig" genannt werden kann, daß aber ein diebischer bestimmt zur Plage wird. Du kannst ihn nirgendwohin mitnehmen, weil er versuchen wird, deinem Gastgeber das Gebäck vom Tisch wegzuschnappen. Auch wird die Rechnung des Tierarztes dich höchstwahrscheinlich ruinieren, denn einem diebischen Hund fehlt immer etwas. Entweder überfrißt er sich und wird krank, oder er verdirbt sich den Appetit und rührt sein Futter nicht an. Auf wirklichen Kummer kannst du dich gefaßt machen, wenn er sich eines Tages einen Hühnerknochen aus dem Mülleimer geangelt hat.

Betteln und Stehlen gehen gewöhnlich Hand in Hand. Wenn du die nötige Willenskraft aufbringst, ist es nicht schwer, dem Welpen beides abzugewöhnen. Was das Betteln anbelangt, so tu, als ob du es nicht bemerkst. Wird er zu aufdringlich, so verweise es ihm mit einem scharfen „Pfui" oder mit einem Schlag der Zeitungsrolle gegen den Tisch. Leicht wird er es dir nicht machen. Er wird die traurigste Miene aufsetzen, in der Pose des Jammers verharren und sich mit schmerzlichem Aufstöhnen die Lippen lecken, um deinen Widerstand zu brechen. Doch wenn ihm das auch nur ein einziges Mal gelingt, wird kein Grad der Strenge ihn mehr davon überzeugen können, daß Betteln ein aussichtsloses Unterfangen sei.

Nur zu gut weiß ich aus eigener Erfahrung, daß die Versuchung, ihm einen saftigen Happen zuzuwerfen, groß ist. Man fühlt sich gewissermaßen als ein besserer Mensch, wenn man das Essen mit ihm teilt. Aus diesem Grunde bringe ich meinen Hunden stets bei, daß ihr Aufenthaltsort während meiner Mahlzeiten der „Platz" ist. Nachher sammle ich die Überbleibsel für ihre nächste Mahlzeit. Du kannst deinem Welpen auch unmittelbar vor oder nach dem eigenen Essen den Freßnapf füllen. In beiden Fällen dürfte es nicht schwer sein, ihn zum ruhigen Niederlegen zu bewegen. Ich wiederhole: Kein Welpe vermißt ein Vorrecht, das er niemals genossen hat. Halte ihn vom Betteln ab, indem du streng mit ihm bist – und mit dir selbst.

Was nun das Stehlen angeht, so glaube man mir, daß ein Hund, der gelernt hat, im Betteln etwas Unerlaubtes zu sehen, gewiß kein Dieb

Den Hund während der Mahlzeiten zu füttern, ist falsch.
Hunde gehören nicht an den Tisch!

wird. Wenn man ihm jedoch Fleischhappen und Leckerbissen zuwirft, bestärkt man ihn in der Annahme, daß alles Eßbare in seiner Reichweite erlaubte Beute sei. Bekommt er nichts anderes zu fressen, als was sein Napf zu den regelmäßigen Mahlzeiten ausreichend enthält, so wird ihm klar, daß er sich nur daran und an nichts anderes halten darf. Das wird ihn nicht nur davon abbringen, Abfall zu stehlen, sondern ihn auch davon abhalten, sich auf der Straße Unrat einzuverleiben. Präge ihm darum mit Schärfe eine einzige Regel ein: „Nur was dein Napf enthält, ist für dich bestimmt." Wenn du ihn in diesem Sinne erzogen hast, wird er nicht leicht in Versuchung zu bringen sein, und sollte er doch nachgeben, so genügt ein einziges „Pfui", ihn in Schranken zu halten.

Doch was kannst du tun, wenn dein Hund schon Dieb und Bettler ist? Verhalte dich seinem Betteln gegenüber, wie ich es dir zu Beginn dieses Abschnitts empfohlen habe: Beachte es nicht. Reiche ihm keinen Bissen außerhalb seiner Mahlzeiten, und greife zur Zeitungsrolle, wenn er zudringlich wird.

Diebstahl erfordert strengere Maßnahmen. Wenn dein Hund sich nicht durch dein Mißfallen eines Besseren belehren läßt, muß er eben in den sauren Apfel beißen und erfahren, daß Ungehorsam böse Folgen hat. Aber bestrafen dürfen wir einen Hund nur, unmittelbar nachdem er sich vergangen hat; sonst kann er Vergehen und Strafe nicht ursächlich miteinander verbinden. Sehr oft wird der Diebstahl aber erst entdeckt, wenn es für ein Eingreifen zu spät ist. Man muß ihn auf frischer Tat ertappen. Zu diesem Zweck geht man folgendermaßen vor: Man legt ein Stück Fleisch, das durch einen Bindfaden an einer kleinen Konservenbüchse befestigt ist, auf eine Stuhlkante. Die kleine Büchse wird in eine größere gestellt, die ihren Platz auf der Tischkante oder auf dem Kühlschrank erhält, so daß ein leichter Zug am Bindfaden sie hinabreißt. Wenn der Hund die Lockspeise herabholt, wird das Geräusch der zu Boden rasselnden Büchsen dich auf der Stelle herbeirufen. Auf diese Weise erreicht man zweierlei: Erstens wird ihm der Schreck eine gesunde Lehre für die Zukunft sein; zweitens hast du ihn nun beim Diebstahl überrascht. Ergreif ihn am Halsband und schlag unter Pfuirufen mit der Zeitungsrolle kräftig auf das Fleisch. Am nächsten Tag stell ihn noch einmal auf die Probe, mit einer andern Lockspeise und an einer andern Stelle. Wenn er zweimal in Schrecken versetzt und abgekanzelt worden ist, sollte er gegen eine dritte Versuchung gefeit sein. Andernfalls ist er es, der die Zeitungsrolle verdient und nicht die unschuldige Lockspeise. Weitere Winke enthält das Kapitel „Futterverweigerung" (s. S. 141).

Nun wird dir auch klar sein, wie nützlich mein Ratschlag ist, den Welpen an seinen „Platz" zu schicken, wenn er sich dein Mißfallen zugezogen hat. Auch diesmal wird die Lehre tiefer eindringen, wenn du sie durch den Befehl „Platz" abrundest. Du kannst den Welpen sogar dazu erziehen, daß er sich von bestimmten Teilen deiner Wohnung ganz fernhält, zum Beispiel von der Küche.

**Bellen.** Bellen ist an sich keine Unart, und niemals sollte ein Welpe bestraft werden, nur weil er Laut gibt. Was man ihm indessen abgewöhnen sollte, das ist das Übermaß. Unsere Belehrung wird daher nicht darauf ausgehen, daß er das Bellen völlig unterläßt, sondern nur darauf, daß er still ist, wenn es ihm befohlen wird. Er wird dich zum Beispiel vor dem Kommen eines Fremden warnen. Das wird dir nicht unlieb sein. Aber wenn er sich wie rasend gebärdet, sobald die Klingel schrillt, und weiterlärmt, lange nachdem du den Besucher hereingelassen hast, wirst du weniger erfreut sein.

Am häufigsten sind die Klagen über Hunde, die bellen und heulen, wenn sie allein gelassen werden; dies ist ein Fall für sich, der in einem besonderen Abschnitt behandelt werden wird (s. S. 84).

Du mußt zwischen dem Gebell unterscheiden, mit dem der Hund dir etwas Wichtiges mitteilen will, und jenem, das bloß der Geltungssucht, der Spielfreude oder der Nervosität entspringt. Wenn er bellt, um dir mitzuteilen, daß er hinaus muß, oder daß der Milchmann vor der Tür steht, tut er nur seine Pflicht. Erfüllt er sie aus Eifer etwas zu geräuschvoll, so beruhige ihn sanft und geduldig. Wenn er aber lediglich aus Vergnügen kläfft oder aus Protest, kann er ungemein lästig fallen. Dann mußt du ihm durch den scharfen Befehl: „Sei still" deine strenge Mißbilligung zeigen.

Wenn das „Sei still" oder das schärfere „Pfui" nicht wirkt, schlag mit der Zeitungsrolle an einen Stuhl oder Tisch. Einige Hunde lassen sich durch ein Sichtzeichen beschwichtigen, das natürlich immer das gleiche sein muß. Ich benutze häufig eine scharfe, schneidende Bewegung der offenen rechten Hand dicht an der Schnauze vorbei. Kennt dein Hund bereits den Befehl „Platz", so wende ihn an, wenn das Tier zu geräuschvoll wird. Das beendet sein Bellen sofort. Durch den Befehl wird es von der Ursache abgelenkt, die sein Gebell veranlaßt hat, und wenn es liegt, wird es nicht bellen, weil seine Lungen sich nur beim Stehen genügend mit Luft füllen können. Wichtig ist, daß du den Welpen schon das erstemal, wenn er zu laut wird, zum Schweigen zu bringen vermagst. Je jünger der Hund ist, desto leichter wird dir das gelingen.

Sollte er den Befehl „Platz" noch nicht kennen, dann ruf ihn zu dir und leg ihn an die Leine. Sooft er bellt, gibst du der Leine einen Ruck und begleitest diese Mahnung mit einem nachdrücklichen „Sei still". Einige Hunde bringt man zum Schweigen, indem man die Hand um ihre Schnauze legt; andere hören mit dem Gebell auf, wenn man die Zeitungsrolle zur Bekräftigung des Befehls an den Tisch schlägt.

Weiß der Hund erst einmal, daß du allzu lautes und andauerndes Bellen verabscheust, so unterläßt er es auch. Er schaut vielleicht nach dem ersten Gebell schuldbewußt zu dir auf, oder er verzieht sich in ein anderes Zimmer, um sich deinem hemmenden Einfluß zu entziehen. Doch das sind günstige Zeichen, weil er damit zu erkennen gibt, daß er deinen Standpunkt begriffen hat.

Vergiß jedoch nicht, daß sein Gebell unter Umständen für dich von größter Bedeutung ist. Wenn ein sonst wohlerzogener Hund plötzlich in lautes Gebell ausbricht, muß man sofort die Ursache untersuchen. Mancher Hund hat schon seinen Herrn und dessen Familie vor dem

Feuertod bewahrt, weil er den Brand bereits beim Entstehen witterte und rechtzeitig meldete.

**Das Zerkauen von Gegenständen.** Ungefähr jeden Monat einmal läutet mein Telephon mitten in der Nacht, weil irgend jemand mir in aller Aufregung mitteilen will, daß sein Welpe soeben einen teuren Polstersessel zernagt hat.

Was macht den Hund so kaulustig? Es ist wohl in der Hauptsache sein Hang zu Spiel und Beschäftigung, wobei ihn der persönliche Geruch seines Herrn an Sesseln, Schuhen, Pantoffeln, Kissen, Bettdecken und Vorlegern noch besonders anfeuert. Oft hat der Welpe nicht die leiseste Ahnung, daß er etwas Verkehrtes tut. Wieder ist die Richtlinie für seine Erziehung einfach:

1. Die verneinende Richtschnur: Wir müssen vermeiden, ihn einer Versuchung auszusetzen, und ihm begreiflich machen, daß es nicht erlaubt ist, Gegenstände zu zerkauen.

2. Die bejahende Richtschnur: Wir müssen seinem Wunsch, zu spielen und die Zähne zu gebrauchen, in einer Weise entgegenkommen, die niemand schädigt.

In erster Linie darf man keine verlockenden Gegenstände herumliegen lassen. Wenn du deinen Hund sich selbst überlassen mußt, so überzeuge dich vorher, daß keine Schuhe, Strümpfe, Pantoffel oder andere persönliche Dinge sich in seiner Reichweite befinden. Zweitens darf man derartige Dinge nie benutzen, wenn man mit dem Welpen spielt. Es mag spaßhaft sein, den Pantoffel durchs Zimmer zu werfen und dann zu beobachten, wie er ihn herumschleppt. Doch für ihn kommt es einer Aufforderung gleich, diesen Pantoffel fortan als sein Spielzeug anzusehen. Achte, wenn du ihn an seinen „Platz" schickst oder dort anbindest, ja darauf, daß nichts Kaubares in der Nähe liegt. Ich warnte schon davor, ihn mit einem Lederriemen festzubinden; eine leichte Kette ist das gegebene.

Wenn er trotz allen Vorsichtsmaßnahmen seine Zähne an deinen Bettvorlegern und Polstermöbeln erprobt, schreite das erstemal so unmißverständlich wie möglich ein. Ergreif ihn mit der linken Hand am Halsband und schlag den mißhandelten Gegenstand unter Pfuirufen mit der Zeitungsrolle. Möglich, daß der Welpe sich zwar in Zukunft von diesem Gegenstand fernhält, dafür aber das nächstemal seine Zähne an etwas anderem versucht – nehmen wir an, an einem Stuhlbein. Dann laß dem Stuhlbein die gleiche Behandlung zuteil werden wie vorher vielleicht dem Teppich. Bald wird der Welpe ganz von selbst darauf kommen, daß ein Benagen deiner Besitztümer mit Kummer endet.

Ratsam ist, ihn auf die Probe zu stellen. Laß einen alten Handschuh oder Pantoffel in der Nähe seines Lieblingsplätzchens liegen. Nach einer Weile schau nach. Solltest du ihn emsig mit seinem zerstörerischen Spiel beschäftigt finden, so hast du nun die beste Gelegenheit, ihm eine wirksame Lehre zu erteilen.

Einen eingefleischten Nager kann man von seiner üblen Gewohnheit abbringen, indem man den gefährdeten Polstermöbeln einen den Hund abstoßenden Geruch aufspritzt; dazu eignen sich Currysauce, Tabaksaft und ähnliche bittere Lösungen.

Das beste Vorbeugungsmittel ist jedoch ein kleiner Vorrat an Spielzeug, das dem Welpen allein gehört — ein sauber ausgekochter Markknochen, ein harter Gummiball oder ein „Knochen" aus festem Gummi, die es in jedem Geschäft für Hundeartikel zu kaufen gibt. Bediene dich dieses Spielzeugs, wenn du dich mit ihm abgibst. Er braucht diese Dinge nicht nur zum Spiel, er braucht sie auch zum Kauen. Im Alter von vier Monaten verliert er die Milchzähne und ist dann besonders zum Kauen aufgelegt. Er fühlt einen instinktiven Drang, die ausfallenden Zähne zu lockern und den neuen Zähnen den Durchbruch zu erleichtern.

Eine letzte Mahnung: Gib einem Hunde niemals splitternde Knochen, wie zum Beispiel Hühnerknochen, oder gar ein hölzernes Spielzeug, das splittern kann. Verschluckte Splitter können ihn töten.

**Der Protest gegen das Alleinsein.** Wenn du einen Welpen kaufst, tust du es mit dem Wunsch, er möge sich zu einem angenehmen Gefährten für dich entwickeln. Doch manch ein Hundefreund, der zu Beginn diese vernünftige Hoffnung gehegt hat, wird schließlich der Sklave seines Hausgenossen. „Es tut mir leid, ich kann nicht fort", erwidert er auf eine Einladung, „mein Hund darf nicht allein gelassen werden!" Soweit ich auf Grund meiner eigenen Erfahrung urteilen kann, ist das durchaus kein seltener und vereinzelter Fall; es kommt häufiger vor, als man glauben möchte. Tatsächlich gibt es Hunde, die einfach nicht allein sein mögen. Die einen geben ihrem Protest dadurch Ausdruck, daß sie alles in Stücke reißen; die andern winseln und heulen so lange, bis die Nachbarn sich beschweren. Für den unglücklichen Besitzer bedeutet das meist, daß er nach Monaten peinlicher Zwischenfälle und Aufregungen in bittere Fehden mit allen Anwohnern und mit der Polizei verstrickt ist. Das Ende ist dann meist ein Befehl, den Hund abzuschaffen. Das alles hätte vermieden werden können, wenn die Erziehung des Welpen rechtzeitig begonnen hätte.

Warum protestieren einige Hunde so hartnäckig gegen das Alleinsein? Fürchten sie sich? Haben sie Angst, daß der Herr, wenn er ohne sie die Wohnung verläßt, nicht mehr zurückkommen wird? Nein, sie wissen sehr wohl, er kommt zurück, sie haben es oft erlebt. Es ist der Wunsch nach Gesellschaft, die Begierde, ständig in der Nähe des Herrn zu weilen, der Ärger, nicht mit von der Partie zu sein. Man beobachte einmal die Miene eines ganz und gar wohlerzogenen Hundes, wenn er sieht, wie der Herr den Hut aufsetzt und den Mantel anzieht, ohne nach der Leine zu langen. In seine Augen tritt ein Blick abgründiger Trauer, obgleich er aus zahllosen ähnlichen Erlebnissen weiß, daß Herrchen nicht lange fortbleiben wird. Der Unterschied zwischen einem erzogenen und einem verzogenen Hund ist einfach dieser: Der eine nimmt die Entscheidung des Herrn still hin; der andere versucht sie zu ändern, indem er laut dagegen protestiert. Manche Hunde bemühen sich, hinauszukommen und sich dem Herrn anzuschließen; sie kratzen an der Tür, bis ihre Pfoten bluten. Die meisten aber schmollen in ihrer Enttäuschung wie verzogene Kinder. Wahrscheinlich spielt auch die Hoffnung mit, daß lautes Geräusch den Herrn zurückbringen wird, zumal wenn der Hund aus früherer Erfahrung weiß, daß der weichherzige Herr oder das mitleidige Frauchen beim ersten langgezogenen Klagelaut angestürzt kommt.

Diese Analyse bietet auch schon die Handhabe zur Lösung unserer Aufgabe. Wir können es unserem Liebling nicht ersparen, daß er traurig und kummervoll zurückbleibt, wenn wir ihn allein lassen müssen; doch wir können ihn dazu bringen, daß er es hinnimmt, ohne seinen Gefühlen auf unliebsame Weise Luft zu machen.

Einen Hund an gewisse Lebensnotwendigkeiten gewöhnen, die ihm zuwider sein mögen, gehört zur Erziehung des Welpen. Folglich muß der Welpe gelehrt werden, ohne Protest allein zu bleiben. Wenn du ihn verziehst, indem du ihn jede Minute des Tages um dich hast, wird er wahrscheinlich eher ein Schreibaby werden, als wenn er von Anfang an hin und wieder sich selbst überlassen bleibt. Je kleiner er ist, desto leichter ist er daran zu gewöhnen; außerdem kann er in so zartem Alter noch nicht allzu viel Lärm machen. Nach ein paar Minuten des Winselns wird er erschöpft in Schlaf fallen. Belehre ihn durch Erfahrung, daß Winseln dich nicht zurückbringt. Schließe probeweise die Tür zu dem Raum, in dem er sich befindet. Das erstemal wird es einen Zweikampf zwischen deinem und seinem Willen geben. Wirst du seinem jämmerlichen Winseln widerstehen können oder weich werden und zu ihm stürzen, ehe er selbst aufgegeben hat? Unternimm den Versuch, wenn du mit ihm von einem Ausgang zurückgekommen bist und für die nächste Stunde keine Notwendigkeit zu sorgfältiger Überwachung besteht. Ist er erst einmal stubenrein geworden, so laß ihn, sooft es nötig ist, am Tag oder am Abend allein. Erkundige dich bei wohlgesinnten Nachbarn, ob er während deiner Abwesenheit gelärmt hat. Doch nachträglich bestrafen dürftest du ihn nicht, für eine Lektion wäre es zu spät. Du müßtest ihn bei frischer Tat ertappen, und dazu müßtest du sofort umkehren. Das aber wäre bestimmt ein Fehler, weil er dann meint, sein Jammern würde dich auch künftig zurückbringen. Wenn du ihn durch allmähliche Gewöhnung mit der harten Tatsache vertraut gemacht hast, daß er manchmal allein zu bleiben hat, ist dieses Problem ein für allemal gelöst.

Wenn aber dein Welpe bereits die unliebsame Gewohnheit angenommen hat, in Geheul auszubrechen, sobald du den Rücken drehst, mußt du wirksamere Methoden anwenden. Denn dann wird er zu alt sein, um auf die einfache Weise belehrt zu werden, die für einen kleinen Welpen genügt; außerdem kann ein Hund mit vier oder fünf Monaten mehr Lärm machen, als selbst der wohlwollendste Nachbar ertragen mag. Wenn keine Aussicht mehr besteht, den Welpen an gelegentliche Einsamkeit zu gewöhnen, indem du ihn einfach sich selbst überläßt, mußt du ihm klarmachen, daß er etwas tut, das unweigerlich zur Bestrafung führt.

Auch hierbei wird der Befehl „Platz" dein Vorhaben aufs beste unterstützen. Ein Hund, der gelernt hat, dort zu bleiben, wo es ihm befohlen worden ist, wird kaum jemals in Gewinsel und Geheul ausbrechen. Selbst wenn er aufsteht und den „Platz" verläßt, nachdem du den Rücken gedreht hast, wird er sich schuldbewußt fühlen und sich dementsprechend still verhalten.

Doch auch ohne die Hilfe von „Platz" müssen wir den Hund zu einem guten Betragen zwingen können. Eine gewisse Schwierigkeit bietet die Tatsache, daß nur durch deine Abwesenheit der Nachweis für sein Verhalten erbracht wird, und doch müßtest du rasch wie der Blitz zurück sein, um ihn auf der Stelle für sein Geheul und Gebell zu bestrafen. Ich zeige dir nun, wie du auch dieser Schwierigkeit Herr werden kannst.

Stell deinen Hund zuerst auf die Probe, indem du ihn in ein Zimmer einschließt, während du dich in den Nebenraum begibst. Sag zu ihm „Bleib da", vorausgesetzt, daß er den Befehl kennt. Dieser Befehl tut prächtige Dienste, sobald du ihm klarmachen willst, daß er an einer bestimmten Stelle auszuharren hat. Sonst sag in strengem Befehlston etwa: „Bleib hier" oder „Sei still". Schließ die Tür und warte fünf Minuten lang auf seine Gegenäußerung. Erfolgt nichts, so kehre zu ihm zurück und lobe ihn. Das nächstemal bleib zehn Minuten fort und begib dich in den entferntesten Winkel deiner Wohnung. Vermeide jedes Geräusch, das deine Anwesenheit verraten könnte. Hat er auch diese Probe bestanden, so nimm Hut und Mantel und geh vor die Haustür, die du schließen mußt, als ob du fortgehen wolltest. Wenn er sich auch jetzt ruhig verhält, tue den letzten Schritt. Stell einen Freund vor die Haustür, während du jetzt nicht nur das Haus verläßt, sondern mindestens bis ans Ende der Straße gehst. Laß dir von deinem lauschenden Freund ein Sichtzeichen geben, sowie das Winseln und Bellen beginnt. Wenn dein Welpe sich fünfzehn bis zwanzig Minuten lang ruhig und brav verhalten hat, kannst du ziemlich sicher sein, daß er es auch für längere Zeit tun wird.

Doch ganz so glatt wird der Verlauf wohl nicht sein. Wahrscheinlich wird er schon das erstemal, wenn du ihm die Tür vor der Nase schließt, Einspruch erheben. Rede dir nicht ein, daß er nicht weiß, wo du bist. Er weiß es selbstverständlich und macht nun den Versuch, dich zur Rückkehr zu bewegen. Beachte das erste leise Winseln nicht. Er stellt dich vielleicht nur auf die Probe. Nur wenn er wirklichen Lärm macht, stürze hinein. Ich sage „stürze" und meine es wörtlich, weil ein einfaches Eintreten ihn nicht davon überzeugen wird, daß du sein Betragen ernsthaft mißbilligst. Stürze also hinein, wirf die Tür ins Schloß, schwing die Zeitungsrolle und versetz ihm mit einem sehr scharfen „Pfui" einen Klaps über den Rücken. Zieht er sich dann in den entferntesten Winkel oder in ein anderes Versteck zurück, so kannst du zufrieden sein. Sein Verhalten beweist, daß du deine Rolle vortrefflich gespielt hast, und daß er jetzt eine sehr deutliche Vorstellung von deiner Mißbilligung hat. Beruhige dich jedoch damit nicht, sondern laß ihn nochmals allein und stell ihn auf die gleiche Probe. Stürze wieder hinein, sobald sein Geheul oder Gebell beginnt, bestraf ihn wie zuvor, gib ihm den Befehl „Bleib da" und entschwinde von neuem. Fahre in dieser Weise unentwegt fort, bis er die endgültige Probe bestanden hat: Keinmal aufzukläffen, auch wenn du aus dem Hause gehst und mindestens zwanzig Minuten fortbleibst.

Warne deinen Freund auf seinem Horcherposten, der Haustür nicht zu nahe zu kommen, weil dein Hund mißtrauisch wird, wenn draußen ein Fremder herumlungert. Er hätte dann das Recht, ja, die Pflicht, zu bellen, und deine ganze Probe verlöre ihren Wert.

Diese Methode wird meistens zum Ziel führen, aber absolut hieb- und stichfest ist sie nicht. Einige Hunde verfügen über einen so scharfen Wahrnehmungssinn, daß sie erraten, ob du dich wirklich entfernt hast oder nur zur Probe ein Stück weit gegangen bist, auf dem Sprunge, zurückzukommen, sobald er sich meldet. Andere verhalten sich eine ganze Stunde lang mucksmäuschenstill und beginnen dann erst zu bellen. Das kannst du nur selbst feststellen. Die Grundlagen sind hiermit gegeben; die Einzelheiten sind deine Sache.

Das Verfahren ist das gleiche, wenn der Hund im Zwinger oder in einer Hütte gehalten wird. Wenn er zu laut ist, klopf mit einem lauten „Pfui" an die Zwingertür. Vermeide es, die Tür zu öffnen oder einzutreten. Er muß lernen, daß er mit seinem Bellen und Heulen nichts erreicht. Wenn er in dem Augenblick verstummt, wo er deine Schritte vernimmt, aber sofort wieder zu bellen beginnt, sobald sie sich entfernen, bleib in einem gewissen Abstand stehen und wirf Steine oder ein Stück Holz gegen die Tür. Wenn der Hund bei seiner Unart beharrt, wirst du doch in den Zwinger hineinmüssen. Auch hier wirkt nur Ungestüm: Stürze also hinein, straf ihn und entferne dich wieder mit einem strengen „Sei still".

Einer meiner Freunde erzielte die besten Ergebnisse mit einer Klingel, die er im Zwinger anbringen ließ. Sobald die Hunde zu bellen anfingen, ließ er die Klingel ertönen. Beruhigten sie sich dann immer noch nicht, so stürzte er hinein und strafte sie. Im Handumdrehen wurden sie klug; sie wußten, daß die Klingel eine letzte Warnung bedeutete, und daß dann der Herr kommen würde, um sie zu strafen. Von da an genügte ein einziges Klingelzeichen, um sie zum Schweigen zu bringen.

In besonders hartnäckigen Fällen verhindert ein Maulkorb das Bellen. Für den Welpen ist die Anlegung eines Maulkorbs ein unangenehmes Erlebnis, das er nicht so schnell vergißt. Führe also die Umstände herbei, die deinen Hund zu übermäßigem Bellen reizen. Laß zum Beispiel jemand mit einem Hund an deinem Fenster vorübergehen. Bricht dein Hund dann in sein Gekläff aus und hört auch dann nicht damit auf, wenn du es ihm mit einem scharfen „Pfui" verweist, so leg ihm den Maulkorb an und wiederhole dabei dein tadelndes „Pfui" oder befiehl: „Sei still". Wenn er versucht, den Maulkorb abzustreifen, leg ihn an die Leine. Sobald er sich beruhigt hat, nimm den Maulkorb ab und lobe ihn. Das nächstemal leg ihm den Maulkorb nicht an, sondern halte ihn nur drohend in der Hand, indem du zugleich „Sei still" befiehlst.

## 10. Zeittabelle

Im folgenden gebe ich eine Aufstellung, aus der hervorgeht, in welchem Alter die Befehle und Verbote am besten gelehrt werden. Es ist nicht beabsichtigt, damit eine bestimmte Altersgrenze zu setzen; die Tabelle soll nur Anhaltspunkte geben.

| | |
|---|---|
| Stubenreinheit: . . . . . . . . . . | zwischen 2 und 4 Monaten |
| Leinenführigkeit: . . . . . . . . | zwischen 2 und 4 Monaten |
| Herankommen auf Ruf: . . . . . | zwischen 3 und 4 Monaten |
| Platz: . . . . . . . . . . . . . | zwischen 3 und 5 Monaten |
| Folgen ohne Leine: . . . . . . . | zwischen 3 und 4 Monaten |
| Sitz: . . . . . . . . . . . . . | zwischen 4 und 5 Monaten |
| Randsteingewöhnung: . . . . . . . | zwischen 3 und 4 Monaten |
| Keinen Unrat fressen: . . . . . . | zwischen 3 und 4 Monaten |
| Kein Jagen nach Fahrzeugen: . . . | zwischen 5 und 6 Monaten |
| Nicht am Menschen hochspringen: . . | zwischen 3 und 5 Monaten |
| Nicht betteln oder stehlen: . . . . . | zwischen 3 und 6 Monaten |
| Nicht übermäßig bellen: . . . . . . | zwischen 4 und 6 Monaten |
| Keine Gegenstände zerkauen: . . . | zwischen 4 und 6 Monaten |
| Nicht gegen das Alleinsein protestieren: . . . . . . . . . . . . . . | zwischen 3 und 6 Monaten |

Wenn dein Welpe sechs Monate alt geworden ist, ohne erzogen zu sein, ist der Zeitpunkt für eine mühelose Belehrung verpaßt; dann wirst du zu regelrechter Erziehung übergehen müssen. „Erziehung" im strengen Wortsinn bedeutet jedoch nur die Einübung der Befehle. Die Verbote kannst du ihm nach den Richtlinien beibringen, die ich für die Belehrung des Welpen empfohlen habe. Behalte dabei stets den psychologischen Unterschied zwischen einem kleinen Welpen und einem halberwachsenen Junghund von über sechs Monaten im Auge.

Hast du hingegen deinen Welpen richtig belehrt, so kommt eine Erziehung nur in Frage, wenn du den Wunsch hegst, das Gelernte abzurunden, zum Beispiel durch korrektes „Bei Fuß". Verblüfft wirst du feststellen, wie leicht die Erziehung ist, weil du die Grundlagen dafür bereits geschaffen hast.

# DRITTER TEIL

# Die Erziehung des Junghundes

## 1. Warum Erziehung?

Im Gegensatz zur Belehrung des Welpen erfordert die Erziehung des Junghundes eine formellere Methode. Sie beruht auf strengen Befehlen, die genaue Befolgung erheischen. Die meisten Hundefreunde würden es wahrscheinlich vorziehen, ihrem Liebling einen leichten erzieherischen Schliff zuteil werden zu lassen, wie ich ihn für den Welpen empfohlen habe. Leider ist das nicht möglich. Was für den Welpen gut ist, taugt für den Junghund nicht. Im Alter von ungefähr sechs Monaten hat er gewisse Gewohnheiten erworben, sich ein bestimmtes Verhalten angewöhnt; er hat das Gefühl der Abhängigkeit vom Herrn verloren, das die meisten Welpen kennzeichnet. Daher muß auch unsere Lehrmethode anders sein. Der Junghund muß „erzogen" werden.

## 2. Ziele und Grenzen der Erziehung

Die Mehrheit der Hundebesitzer betrachtet die Erziehung zu Gehorsamsleistungen nicht als Steckenpferd, sondern als eine Notwendigkeit, als ein Mittel, ihren Liebling unter ihren Willen zu zwingen und aus ihm einen manierlichen Gefährten zu machen.

Deshalb wollen wir uns nur an die grundlegenden Leistungen halten, die wirklich notwendig und nützlich sind. Es sind folgende:

„Sitz" auf Befehl;

„Folgen bei Fuß", das heißt folgsam an der Leine gehen, ohne zu zerren, in gleicher Richtung und mit der Geschwindigkeit, die der Herr bestimmt;

„Platz" auf Befehl;

„Bleib da" in Sitz- oder Platzstellung bis zur Freigabe;

„Herankommen auf Ruf".

Diese fünf Leistungen bilden den Kern der Erziehung. Sie stellen das Mindestmaß dessen dar, was ein Hund zu leisten hat.

Es gibt jedoch noch andere Lehrfächer, die sich als nützlich erweisen können. Ich füge drei davon hinzu:

„Frei bei Fuß", besonders geeignet für Hunde, die nicht an den Leinenzwang der Städte gebunden sind;

„Bleib stehen" für Ausstellungszwecke, zum Vorführen vor den Preisrichtern, auch gute Vorbereitung für einen Besuch beim Tierarzt, außerdem brauchbar für Kämmen, Bürsten und Trimmen;

„Futterverweigerung Fremden gegenüber", wozu auch das Fressen von Abfall und Unrat auf der Straße oder sonstwo gehört.

Die Nützlichkeit des letztgenannten Lehrgangs versteht sich von selbst, obgleich kein mir bekanntes Abrichtungsbuch dieses Problem erwähnenswert findet.

### 3. Die Verbote

Das Erziehungsprogramm stellt nur Regeln für bestimmte Befehle auf, aber keine für die vielen Verbote.

Wie dem Welpen müssen auch dem Junghund gute Sitten beigebracht werden: Nicht am Menschen hochspringen, nicht heulen oder bellen, wenn er sich selbst überlassen ist, sich nicht auf Betten und Polstermöbel begeben.

Ich rate dringend, in dieser Hinsicht die entsprechenden Abschnitte des zweiten Teils zu lesen. Wenn es sich um die Ausrottung schlechter Gewohnheiten handelt, ist das allgemeine Verfahren stets gleich, mag der Missetäter ein Welpe von drei Monaten oder ein Jungtier von sechs oder acht Monaten sein; nur muß man beim Junghund mehr Geduld und eine festere Hand haben.

### 4. Die Erziehungsmethoden

Die Methoden, die einer fehlerfreien Erziehung zugrunde liegen, sind bereits eingehend behandelt worden. Hier möchte ich sie in praktischen Ratschlägen zusammenfassen.

Bei der Erziehung des Hundes soll man immer die gleichen Hörzeichen benützen.

*Hörzeichen.* Benutz immer die gleichen Hörzeichen. Deine Absicht geht dahin, bestimmte Laute mit bestimmten Handlungen und Reaktionen des Hundes in Einklang zu bringen. Die Stimme soll dabei den Ton eines ernsten Befehls haben. Gib die Hörzeichen mit lauter, klarer Stimme. Übertreibe jedoch nicht. Lautes Geschrei würde den Hund nur verwirren und einschüchtern. Behalte den schärferen Ton dem Tadel vor; verwende ihn vor allem beim „Pfui".

Bemüh dich aber um einen ermunternden Ton, wenn du dem Hund gut zureden oder ihn beruhigen willst. Einige Hunde sind empfindlicher als andere; du wirst bald selbst herausfinden, welcher Ton für deinen Hund der beste ist. Aber schlag niemals einen bittenden Ton an, wenn du einen Befehl erteilst.

*Anwendung des Hundenamens.* Manchmal ist es empfehlenswert, den Namen des Hundes mit dem Hörzeichen zu verbinden – „Tyras, komm!" Bei andern Befehlen – „Bleib da" – läßt man ihn besser fort. Diese Unterscheidung hat einen psychologischen Grund. Der vertraute Laut seines Namens wird den Hund aufmerksam und tatenlustig machen. Deshalb benutzen wir den Namen, wenn er sich in Bewegung setzen oder eine bestimmte Handlung vornehmen soll. Soll er in einer bestimmten Stellung auf ein und demselben Fleck verharren, so wende nur das Hörzeichen an, doch nicht den Namen. Wenn du nämlich rufst: „Tyras, bleib da", besteht alle Aussicht, daß er sich in dem Augenblick in Bewegung setzt, wo er seinen Namen hört, und dann kommt das „Bleib da" zu spät, um ihn dort festzuhalten, wo er bleiben soll.

*Sichtzeichen.* Wie die Hörzeichen müssen auch die Sichtzeichen immer gleich sein. Vergewissere dich, daß du sie stets in scharf umrissener und deutlich sichtbarer Weise gibst.

*Wer soll den Hund erziehen?* Wenn der Hund nur *einen* Herrn hat, erhebt sich diese Frage nicht. Wie aber, wenn eine ganze Familie ihn als Eigentum betrachtet? Im allgemeinen dürfte es sich empfehlen, denjenigen zur Erziehung zu bestimmen, der die meiste Zeit dazu hat. Manchmal schließt sich der Hund an ein Mitglied der Familie besonders an. In diesem Fall sollte natürlich das bevorzugte Mitglied mit der Erziehung betraut werden.

Unter keinen Umständen sollte mehr als eine Person den Hund erziehen, besonders nicht zu Beginn. Es ist auch nicht ratsam, die übrige Familie zuschauen zu lassen, wenn man mit dem Hund übt. Dadurch wird der Erzieher häufig in Verlegenheit gebracht und die Aufmerksamkeit des Hundes unfehlbar abgelenkt.

Hat der Hund den grundsätzlichen Gehorsam erlernt, so sollte er allen Mitgliedern der Familie willig folgen. Wenn der Erzieher zeigt, wie der Hund zu führen ist, und welche Hör- und Sichtzeichen anzuwenden sind, wird er schnell lernen, allen Familienmitgliedern zu folgen.

*Wo soll die Erziehung vor sich gehen?* Es wäre einfach, den Rat zu erteilen, die Erziehung auf einer ruhigen, weiten Fläche, fernab von jeder Ablenkung, vorzunehmen. Bedeutend weniger leicht ist es, einen solchen Platz zu finden, besonders wenn man zu den unzähligen Hundebesitzern gehört, die in einer größeren Stadt wohnen.

Ein Park, ein Hinterhof, eine ruhige Straße, ein unbebautes Grundstück werden genügen müssen, solange das Wetter gut ist. Manchmal mag ein leerer Keller, ein unbenutzter Schuppen, eine Garage oder ein Saal in der Nähe verfügbar sein. Es hängt von deiner Findigkeit und deinem Glück ab, in der Nachbarschaft einen Ort aufzuspüren, wo du mit deinem Hunde in verhältnismäßiger Abgeschlossenheit üben kannst. Mangel an einem geeigneten Platz ist oft die Ursache, daß sich der Hundebesitzer einem Verein anschließt, der ihm Erziehungsmöglichkeiten bietet.

*Wie lange darf jede Übung dauern?* Das Ideal sind zwei Lehrgänge täglich, deren jeder zehn Minuten dauert, möglichst auf Vormittag und Nachmittag verteilt. Wer nur die Zeit für einen täglichen Lehrgang aufbringt, muß ihn auf eine Viertelstunde ausdehnen. Länger mit dem Hunde zu üben, hat geringen Wert, weil er sich dann zu langweilen beginnt und seine Sammlung auf den Nullpunkt hinabsinkt, besonders im Anfangsunterricht. Äußerst wichtig ist jedoch, daß man *jeden* Tag mit ihm übt. Der Hund lernt durch Gedankenverbindung und durch Wiederholung, und jede Unterbrechung, selbst durch einen einzigen Tag, wirkt sich nachteilig aus. Wenn du die Zeit für einen täglichen Lehrgang nicht erübrigen kannst, nimm dir wenigstens fünf Minuten, in denen du das Gelernte rasch mit ihm durchgehst.

## 5. Die Ausrüstung

Das Rüstzeug für die Erziehung des Junghundes setzt sich aus drei Dingen zusammen, die alle sehr billig sind: Halsband, Leine und eine zehn Meter lange Schnur.

*Das Halsband.* Wie man sich erinnern wird, habe ich für den Welpen ein einfaches Lederhalsband vorgeschlagen. Die Erziehung des Junghundes erfordert jedoch ein Würgehalsband (vergl. Tafel 3). Dabei handelt es sich um eine flache Kette, die an beiden Enden mit einem Ring abschließt. Man führt die Kette durch einen der beiden Ringe hindurch und formt so eine Schlinge, die über den Kopf des Hundes gestreift wird und sich um seinen Hals schmiegt. Die Leine wird an einem der beiden Ringe befestigt, aber die Wirkung hängt davon ab, welchen Ring man benutzt. Bringt man die Leine am „toten" Ring an, das heißt an demjenigen, durch den man die Kette hindurchgeführt hat, so ist jede Drosselung unmöglich. Wenn man jetzt an der Leine zieht, würde die Halsbandschlinge dem Hund über den Kopf gleiten. Benutzt man hingegen den andern – den „tätigen" – Ring, dann hat man ein Würgehalsband: Jeder Zug an der Leine zieht die Halsbandschlinge ein wenig fester zu, jede Lockerung der Leine entspannt sie. Die scheinbar so einfache Kette ist in Wirklichkeit ein hochempfindlicher Mechanismus. Sie ist nicht nur eine Vorrichtung, mit der man den Hund festhält. Wie das Steuerrad beim Auto ist das Würgehalsband ein vollkommenes Werkzeug der Lenkung und Führung. Zusammen mit deiner Stimme und den Sichtzeichen deiner Hand ist dieses Halsband das Mittel, durch das du mit deinem Hund verkehren, ihn führen und ihm erklären kannst, was du von ihm willst.

Das Würgehalsband kann leicht mißbraucht werden. Es ist leider Tatsache, daß es häufiger falsch als richtig angewendet wird. Wenn man jemand beobachtet, der grob an der Leine zieht, kann man ziemlich sicher sein, vor einem schlechten Hundeführer zu stehen. Jeder, der zu diesem Aushilfsmittel greift, um einen Hund einzuschüchtern, tut deutlich kund, daß er ein Pfuscher ist.

Da du nun schon etwas von den Eigenheiten des Würgehalsbands weißt, wirst du dich nicht wundern, zu hören, daß es zwei verschiedene Möglichkeiten gibt, es dem Hund anzulegen, eine richtige und eine falsche. Darüber haben sich schon viele den Kopf zerbrochen, und manche zerbrechen ihn sich auch dann noch, wenn es ihnen erklärt worden ist.

Du hast den Hund an deiner linken Seite und kannst ihm das Würgehalsband so überstreifen, daß das Ende der Kette mit dem „tätigen" Ring dir über den Nacken des Hundes entgegenläuft und nach unten weist, oder entgegengesetzt unter dem Hals des Hundes hervor nach oben (vergl. Tafel 3, untere Bilder). Versuch beides; hake die Leine an den „tätigen" Ring, zieh sie straff, bis das Halsband zu würgen beginnt, und gib sie dann frei. Du wirst bald herausfinden, daß die Entspannung der Leine das Halsband nur dann lockert, wenn dir der Ring über den Nacken des Hundes entgegenkommt und nach unten weist. Nur so ist es richtig. Legst du die Leine in der verkehrten Weise an, so bleibt das Halsband eng, selbst wenn die Leine gelockert ist. Achte darauf, daß du das Halsband richtig anlegst; andernfalls werden die kleinen Bewegungen und Züge deiner Hand dem Hund nicht übermittelt, und du kannst ihn während der Übung nicht lenken.

Laß dich noch einmal warnen: Mißbrauche die Würgekette nicht. Ein zu heftiger Ruck oder ein längeres Spannen und Zerren würde den Hund schwer erschrecken und ihn vielleicht sogar ernstlich verletzen. In den Händen eines schlechten Führers kann das Würgehalsband ein Marterwerkzeug sein.

Wenn du das Würgehalsband kaufst, such eines mit starken, festen

Gelenken aus. Je größer und weiter die einzelnen Glieder sind, desto geringer ist der Druck am Hals des Hundes. Verwirf die dünnen, feinen Halsbänder, obwohl sie hübscher aussehen; sie verteilen den Druck auf ein zu begrenztes Gebiet.

Das Halsband muß groß genug sein, um mit etwa 3 cm Überweite über den Kopf des Hundes zu gehen. Wäre es zu groß, so würde es gegen seine Brust schlagen und ihn beim Laufen belästigen; es kann sogar abgleiten und verloren gehen. Schoßhunde, besonders solche mit kurzem Fell wie der Chihuahua, sollten ein ledernes Würgehalsband tragen. Eine Lederleine mit einer Schlinge, die um den Hals des Hundes paßt und leicht anzubringen ist, eignet sich für die kleinen Schoßhundrassen am besten.

*Die Leine.* Die Leine sollte aus Leder sein, ungefähr zwei Meter lang und so schmiegsam wie möglich. Ketten sind wertlos; sie übermitteln deine Befehle nicht genügend und verwickeln sich zu leicht. Die Leine soll nicht nur biegsam, sondern auch wasserfest und bruchsicher sein, 1,5 bis 2 cm breit. Das Schnappschloß am Ende muß rostfrei sein und von bester Ausführung. Ich bin nicht dafür, die Sicherheit eines Hundes den flüchtig gearbeiteten, dünnen Schnappschlössern anzuvertrauen, deren viel zu feine Metallfeder der Verrostung und Abnutzung ausgesetzt ist. Das gute Schnappschloß birgt die Feder wohlgeschützt an der Innenseite und ist dadurch viel zuverlässiger.

*Die Schnur.* Um das „Sitz – Bleib da", das „Platz – Bleib da" und das „Herankommen auf Ruf" zu lehren, benutzen wir eine Schnur von etwa 6 bis 10 m Länge. Ein dünnes Wäscheseil mit einem Schnappschloß am einen Ende genügt vollauf. Willst du ein übriges tun, so kannst du dir eine Abrichtungsleine kaufen, die jede Handlung für Hundeartikel führt. Sie hat den Vorteil, sich leichter zu entrollen und einziehen zu lassen als das einfache Wäscheseil, das sich gern verwickelt.

### 6. Lob und keine Strafe

Lob nimmt in der Erziehung des Junghundes einen beachtlichen Platz ein, Strafe gar keinen. Erziehung bedeutet Belehrung des Hundes. Strafe würde ihn nichts lehren. Durch Beifall oder Tadel zeigen wir ihm, ob er etwas richtig oder falsch gemacht hat. Ein scharfes

„Pfui" mag hin und wieder angebracht sein. Aber Strafe muß auf wirkliche Unart beschränkt bleiben. Knurren oder Zuschnappen, Hochspringen am Menschen trotz gegenteiliger Belehrung, Stehlen von Lebensmitteln oder Beschmutzen des Hauses, diese Vergehen mögen eine Züchtigung rechtfertigen. Wenn der Hund etwas getan hat, das er, wie er durch Belehrung weiß, nicht darf, so mag er bestraft werden. Doch darf Strafe niemals als Mittel der Erziehung benutzt werden.

Wenn du dich zur Züchtigung entschließt, behalte dich in der Gewalt, laß dich nicht gehen. In den meisten Fällen wird die Zeitungsrolle genügen; schlage nie mit der Hand, nie mit der Leine.

Eine Ausnahme bildet der bösartige Hund. Wenn ein solcher ohne Herausforderung Menschen oder andere Hunde anfällt, strafe ihn streng, selbst wenn du dazu einen leichten Stock oder einen Lederriemen benutzen mußt. Doch auch hier muß die Strafe unmittelbar auf die Missetat folgen. Eine halbe Stunde später kann der Hund die Verbindung zwischen Missetat und Bestrafung nicht mehr herstellen.

Auch das Lob muß verständig gespendet werden. Einige Besitzer machen ein großes Aufheben von jedem gelungenen „Sitz". Diese Überschwenglichkeit nimmt dem Lob die auszeichnende Bedeutung; überdies wird sie vom Hund sehr oft als Aufforderung angesehen, die Übung zu unterbrechen und mit dem Herumtollen zu beginnen. Sei zu Beginn der Lehrgänge warmherzig mit deinem Lob, um dem Hund zu zeigen, daß er auf dem richtigen Wege ist und seine Sache gut macht. Später geize mit deinen Liebkosungen. Ein freundliches „So ist's brav" und ein leichtes, liebevolles Tätscheln genügen. Alles übrige heb für den Schluß des Unterrichts auf (vergl. die Tafeln 19 und 20).

### 7. Erster Lehrgang

Dies wird dir nicht leichtfallen. Trotz gewissenhafter Vorbereitung für diesen kritischen Augenblick wirst du dich wahrscheinlich wie verraten und verkauft fühlen.

Dein Hund hat natürlich keine Ahnung vom Kommenden. Er nimmt an, es sei ein Spaziergang wie alle andern, und schickt sich an, ihn als solchen zu genießen. Wie willst du ihm klarmachen, daß du nicht zu Spiel und Vergnügen mit ihm ausgehst, sondern daß sogleich Anforderungen an ihn gestellt werden, denen er genügen muß?

Du kannst ihn an dieses Neue nur gewöhnen, indem du als erstes die einfachste Übung wählst, das „Sitz". Die meisten Abrichtungs-bücher empfehlen, mit dem „Folgen bei Fuß" zu beginnen. Das ist falsch; denn das „Folgen bei Fuß" ist eine schwierige Übung und setzt mühevolle Arbeit voraus, ehe sich die ersten Ergebnisse zeigen. Nein, fang mit einer Übung an, die dem Hund in den ersten Minuten seiner Erziehung erläutert werden kann. Dafür eignet sich „Sitz" ganz vortrefflich. Gleich am Ende der ersten Lektion hat der Hund dann etwas erlernt, wofür du ihn reichlich loben kannst, so daß sein Eifer angespornt wird. Doch das wichtigste ist, daß deine Worte nicht mehr als sinnlose Lautverbindungen an sein Ohr dringen, son-dern daß einige davon wie „Sitz" eine sehr einleuchtende Bedeutung für ihn gewonnen haben.

Der erste Lehrgang ist ein wichtiges Ereignis im Leben des Hun-des. Er hat gehorchen gelernt; er ist sich darüber klar geworden, daß zwischen Spiel und Leistung ein Unterschied besteht, und daß Lei-stung noch vergnüglicher sein kann als Spiel.

## „Sitz" (vergl. die Tafeln 4 und 21)

Begriffsbestimmung: Auf den Befehl „Sitz" hat sich der Hund ge-rade und rechtwinklig zur Linken des Führers niederzusetzen.

Die Übung ist einfach, weil die Leistung dem Hund nichts Neues ist. Er weiß bereits, wie er eine sitzende Stellung einzunehmen hat.

Neu ist hingegen für ihn, daß er es in einer bestimmten Haltung, auf einem bestimmten Fleck und auf ein bestimmtes Hörzeichen tun soll. Mit diesen Einzelheiten müssen wir ihn also bekannt machen.

**Wie „Sitz" gelehrt wird.** Steh gerade, die Leine ziemlich locker in der rechten Hand, den Hund, der das Würgehalsband trägt, zur Linken. Halte die Leine so, daß sie der Größe und Höhe des Hundes entspricht, so daß du sie mit einer Aufwärtsbewegung des rechten Armes straff ziehen kannst. Ein Überhang von etwa 30 cm ist am zweckmäßigsten.

Sprich klar und fest das Hörzeichen „Sitz". Straff die Leine, ohne den Fuß zu bewegen, bis das Würgehalsband enger zu werden beginnt, und drück mit der linken Hand die Kruppe des Hundes nieder, bis er sitzt. Wiederhole das Hörzeichen „Sitz", lockere die Leine, richte dich langsam auf und sprich noch einmal ein gedehntes, beruhigendes „S-i-i-i-tz". Behalte diese Stellung ein paar Augenblicke bei, beug dich zum Hund hinab, streichle ihn und sag: „So ist's brav!"

Das wäre die Übung, die nunmehr Punkt um Punkt erläutert werden soll.

*Warum soll der Hund zu deiner Linken sein?* Bei allen Übungen ist der Hund zuerst auf der linken Seite. Er muß wissen, an welche Seite er gehört, und wo der Ausgangspunkt für die von ihm erwarteten Leistungen ist. An sich könnte das entweder links oder rechts sein. Durch Überlieferung hat sich aber die linke Seite eingebürgert. Das erklärt sich dadurch, daß die deutsche Polizei im ersten Jahrzehnt dieses Jahrhunderts die allgemein gültigen modernen Abrichtungsmethoden für Diensthunde eingeführt hat. Sie mußte ihnen zwangsläufig die linke Seite des Führers zuweisen, damit seine rechte Hand für die Waffe frei war. Dieser Brauch hat sich inzwischen überall durchgesetzt; deshalb richten wir uns auch danach.

*Die Leine muß in der rechten Hand gehalten werden,* weil man die linke braucht, um die Kruppe des Hundes niederzudrücken. Diese Druckbewegung mag manchmal unbeholfen ausfallen, besonders wenn man 2 m groß ist und es mit einem Dackel oder einem Pekinesen zu tun hat.

*Der Überhang der Leine soll 30 cm messen,* damit man imstande ist, sie mit einer leichten Bewegung des rechten Armes straff zu ziehen.

*Das Hörzeichen „Sitz"* soll das erstemal weder geflüstert noch gebrüllt, aber doch so laut gesprochen werden, daß die Aufmerksamkeit des Hundes geweckt wird. Das zweite „Sitz" kann gedämpfter ausfallen; denn dann hat man bereits die Aufmerksamkeit des Hundes erregt, und da man gebeugt steht, ist man seinem Ohr so nahe, daß ein zu lauter Zuruf ihn nur erschrecken würde. Das dritte „Sitz" dient lediglich zur Festigung seines Gehorsams und muß in entsprechend ruhigem Ton gesprochen werden.

*Stellung der Füße.* Dein Hund sitzt bei der Übung neben deinem linken Fuß. Wenn du den Fuß bewegst, wird der Hund nicht dicht neben dir sitzen wollen, aus Angst, daß du ihm auf die Zehen trittst.

*Spannung der Leine und Niederdrücken des Hundes.* Mach daraus eine einzige Bewegung: Während der rechte Arm mit der Leine in die Höhe geht, drückt die linke Hand die Kruppe des Hundes nieder.

Die Stärke des Druckes richtet sich nach dem Temperament des Hundes. Einige Hunde setzen sich schon in dem Augenblick, wo man sie berührt, andere bedürfen eines richtigen Druckes. Gib der Bewegung eine bedächtige, nicht überstürzte Note. Paß auf, daß du die Leine nicht zu straff anziehst, nur gerade so viel, um den Hund in seiner sitzenden Stellung festzuhalten.

*Langsames Aufrichten und Lockerung der Leine.* Beides kann nur erfolgen, wenn der Hund einen festen Sitz eingenommen hat. Vermeide schnelle und unvermittelte Bewegungen. Sprich langsam das dritte „Sitz", während du dich aufrichtest. Lockere die Leine bis zu dem Überhang, den sie zu Beginn gehabt hat. Sei auf dem Sprung, sie wieder emporzuziehen, wenn der Hund aufstehen will.

*Die Freigabe (das „Aus").* Es ist schwer zu sagen, wie lange man den Hund bei diesem ersten Versuch sitzen lassen soll, ehe man ihn freigibt. Ein Hund von ruhigem, stetigem Temperament kann es zehn bis fünfzehn Sekunden gut aushalten; ein quecksilbriger Hund bleibt kaum eine Sekunde sitzen. Dennoch solltest du ihn mindestens fünf Sekunden lang zum Sitzen anhalten, aber ihn freigeben, bevor er von selbst aufsteht, weil er sich sonst einbildet, er könne die Zeitdauer des Sitzens selbst bestimmen. Vermeide überschwengliches Lob. Tätschle den Hund freundlich und sag: „So ist's brav!"

*Richtige Zeitbemessuug.* Viel wird auch von der richtigen Zeitbemessung abhängen. Möglich, daß du trotz buchstabentreuer Befolgung meiner Ratschläge doch nicht die besten Ergebnisse erzielst, weil deine Zeitbemessung nicht stimmt. Beobachte die Reaktionen des Hundes genau, dann wirst du bald wissen, wieviel oder wiewenig du ihm an Ausdauer zutrauen kannst.

**Korrekturen.** Beim Lesen dieser Anweisungen wird dir alles ganz leicht vorkommen. Aber bald wirst du feststellen, daß dein Hund sich nicht immer so verhält, wie du es erwartest. Anstatt dein Hörzeichen zu beachten, springt er vielleicht an dir hoch und versucht mit der Leine zu spielen, womit er dir sagen will, daß er keineswegs in der Laune ist, sich ernstlich zu bemühen. Er verübelt vielleicht den Druck auf seine Kruppe und springt fort, oder er legt sich nieder, wenn du willst, daß er sitzt. Er wird auch häufig aufstehen, bevor du ihn freigibst. Alle diese Äußerungen seines eigenen Willens und seines Temperaments sind möglich. Um ehrlich zu sein: Die eine oder die andere ist nur zu wahrscheinlich. Das darf dich jedoch nicht zu der Mutmaßung verleiten, daß du einen unlenkbaren Hund hast, oder daß du selbst nicht zum Erzieher taugst. Du mußt nur wissen, wie du seine Fehler und Schwächen abstellen kannst.

*Der Hund springt am Herrn hoch und versucht zu spielen.* Weise ihn mit einem scharfen „Pfui" zurecht, geh ein paar Schritte vorwärts und fang von vorn an. Reg dich nicht über ihn auf, das würde nur seine eigene Erregung steigern. Wenn er die Leine mit den Zähnen packt und auf einem Tauziehen besteht, schlag das freie Ende der Leine mit scharfem „Pfui" gegen den Boden. Den Hund schlage *nicht*, ganz besonders nicht mit der Leine (vergl. Tafel 19).

*Der Hund nimmt es übel, berührt zu werden.* Das geschieht häufig, wenn du deinen Hund durch einen Fremden erziehen läßt; es geschieht mitunter sogar, wenn du selbst ihn erziehst, besonders wenn es ein scheuer Hund ist. Tadle ihn nicht, wenn er aufspringt. Ermutige ihn durch eine Liebkosung, geh ein paar Schritte mit ihm und versuch es noch einmal, indem du ihn diesmal so zart wie möglich berührst. Scheue Hunde sind im allgemeinen hochempfindlich und zucken schon bei einem Antippen zusammen.

*Der Hund legt sich nieder, wenn er sitzen soll.* Das kommt oft vor, wenn er noch nicht verstanden hat, was er tun soll. Er glaubt zu tun, was von ihm verlangt wird. Er möchte gern gehorchen, weiß aber nicht, wie. Dies erfordert zusätzliche Hilfe und Erklärung, aber keine Strenge. Ungeduldige Besitzer zerren oft unnötig hart an der Leine. Tu das niemals. Es gibt ein besseres Mittel. Du kannst die rechte Handfläche unter seine Brust legen und ihn in den Sitz heben, oder du kannst nach einem gedämpften „Pfui" einige Schritte vorwärts machen und den Versuch wiederholen. Wenn du meiner Anweisung folgst, *gleichzeitig* die Leine anzuziehen und ihn niederzudrücken, kannst du verhindern, daß er sich niederlegt. Die straffgezogene Leine mit der Würgewirkung des Halsbands hält ihn im Sitz fest.

*Der Hund richtet sich auf, wenn der Druck auf die Kruppe nachläßt.* Das ist oft auf falsche Zeitbemessung des Erziehers zurückzuführen. Zieh deine Hand nicht zurück, solange du nicht sicher bist, daß dein Hund wirklich sitzenbleibt. Selbst wenn du diese Gewißheit hast, entferne die Hand nicht zu schnell, sondern mit Bedacht und jederzeit bereit, sie mit einem zweiten Hörzeichen „Sitz" auf die Kruppe zurückzulegen. Ist der Hund quecksilbrig und ungeduldig, so kannst du die Hand einige Sekunden lang auf der Kruppe lassen.

*Der Hund will nicht rechtwinklig sitzen.* Das ist ein sehr häufiger Fehler; aber er läßt sich leicht ausmerzen. Wenn dein Hund die Neigung hat, seitlich von dir zu sitzen oder halbwegs dir zugewandt, verschiebe den Druck, den du auf seinen Körper ausübst. Preß die Hand gegen seine linke Flanke statt gegen die Kruppe und übe einen Druck aus, der nicht nach unten, sondern nach rechts gerichtet ist – gegen dein linkes Bein. Auf diese Weise kannst du ihn mit ein und demselben Druck niederzwingen und näher an dich heran. Verbessere seine Stellung jedoch nicht, wenn er schon sitzt, zieh ihn nicht zu dir heran; was zu tun ist, muß durch Wiederholung erzielt werden. Tadle den falschen Sitz mit einem „Pfui", geh einen Schritt vorwärts und beginne von neuem, diesmal mit dem korrigierenden Druck gegen seine linke Flanke.

Allzu oft sind die Besitzer zu leicht befriedigt und haben nur ein Achselzucken für einen nachlässigen Sitz. „Mir ist's gleich, *wie* er sitzt, mir genügt's, daß er überhaupt sitzt", pflegen sie zu sagen. Gut und schön. Ich bin nicht für übertriebene Forderungen dieser Art, aber es handelt sich hier um die erste Übung, die dem Hund einprägen soll, daß er zu tun hat, was du willst, und wie du es willst, und nicht, wie es ihm paßt. Aus diesem Grunde empfehle ich, ihm keine Nachlässigkeit durchgehen zu lassen, sondern ihn zu korrigieren, wo es notwendig ist. Nur so wird der Gehorsam dem Hund in Fleisch und Blut übergehen.

**Ohne Hilfe.** Nun ist dein Hund soweit. Er hat den Befehl „Sitz" erfaßt, doch du hilfst ihm dabei. Du unterstützt ihn wirksam, weil er ja noch lernt. Sobald er weiß, was du von ihm willst, laß die Hilfeleistungen fallen. Wieder spielt die Zeitbemessung eine wichtige Rolle. Laß die Unterstützungen nacheinander fort, nicht alle auf einmal.

Vermindere den Druck auf die Kruppe, bis du sie bloß mit den Fingerspitzen berührst und schließlich ganz darauf verzichten kannst. Es wird für dich ein Augenblick der Genugtuung sein, wenn er sich zum erstenmal ohne Beihilfe setzt. Als zweites laß die Wiederholung des Hörzeichens „Sitz" fort. Begnüge dich mit dem ersten und dem letzten, gedehnten „Si-i-itz", um ihn festzuhalten. Dann fällt auch dieses zweite Hörzeichen fort.

Versuch es als nächstes ohne die Straffung der Leine; vermindere zuerst den Halt, den du ihm damit gibst, bis du die Leine vollkommen lockerst. Wenn das zu Nachlässigkeit führt, straff die Leine wieder, bis der Hund so zuverlässig in seiner Leistung geworden ist, daß er beim ersten Hörzeichen „Sitz" die geforderte Stellung ohne jede Hilfe mit aller Genauigkeit einnimmt.

Es erfordert eine Woche oder mehr tägliche Übung, den Hund das „Sitz" zu lehren. Doch widme dieser Übung im ersten Lehrgang nicht mehr als fünf Minuten. Sobald der Hund dem Befehl gehorcht, wenigstens bis zu einem gewissen Grad, beginne mit der Übung „Bei Fuß".

## Bei Fuß an der Leine
### Erster Teil (vergl. die Tafeln 5 und 6)

Begriffsbestimmung: Führer und Hund nehmen die Ausgangsstellung ein, der Hund angeleint im Sitz dicht am linken Bein des Herrn. Beim Hörzeichen „Tyras – Fuß" schreiten beide vorwärts. Der Hund muß an der locker gehaltenen Leine ohne Zug folgen, indem er alle Wendungen glatt mitmacht, Schritt und Richtung dem Führer genau anpassend. Wenn der Führer stehenbleibt, setzt sich der Hund an der linken Seite des Herrn nieder.

Mit andern Worten, der Hund hat seinen Herrn zu begleiten und seine Schritte mit dem Gang des Herrn in Übereinstimmung zu bringen. Das mag leicht klingen, ist aber in Wirklichkeit eine der härtesten Anforderungen, die man an den Hund stellen kann. Woran liegt das?

Erstens ist es eine Einschränkung der Bewegungsfreiheit, die das Tier verübelt. Zweitens hat der Hund vor seiner Ausbildung den Spaziergang mit dem Herrn als ungehemmtes Vergnügen aufgefaßt und genossen; man hat ihm erlaubt, vorauszulaufen oder zurückzubleiben und zu schnüffeln, wo es ihm gefiel. Dann ist noch etwas zu bedenken: Selbst wenn der Hund ein vollendeter Beifußgänger ist, wird man nicht immer so sportlich mit ihm gehen wollen. Es wird einem oft mehr daran liegen, daß er seine Bedürfnisse verrichtet, als daß er brav und mit erhobener Nase mitgeht. Der Hund kann also niemals im voraus wissen, ob der Ausgang an der Leine mit Vergnügen oder mit Arbeit in Verbindung zu bringen ist.

Tatsächlich ist alles an dieser Übung neu für den Hund. Unsere größte Hilfe wird die Ausgangsstellung sein, die nicht neu für ihn ist, sondern einfach das „Sitz", das er soeben gelernt hat. Es erleichtert unsere Aufgabe sehr, daß wir mit etwas beginnen können, das dem

Hunde bereits vertraut ist. Das „Sitz" am Anfang verhilft ihm dazu, zwischen einfachem Gehen und Folgen bei Fuß zu unterscheiden.

**Wie „bei Fuß" gelehrt wird.** Gib dem Hund den Befehl „Sitz" und nimm dabei die Ausgangsstellung ein. Winde das Ende der Leine um die rechte Hand und halte die Leine in der linken Hand derart, daß sie bis zum Halsband des Hundes einen Überhang von etwa 50 cm hat. Füge dem Hörzeichen den Namen des Hundes bei: „Tyras – Fuß!" Beim Wort „Fuß" schreitest du frisch drauflos, indem du mit dem linken Fuß beginnst. Bereite die linke Hand zum Sichtzeichen vor, dem Schlag an dein linkes Bein, abwechselnd mit kurzen und sanften Zügen an der Leine, sowie der Hund sie strafft. Wiederhole alle paar Schritte das Hörzeichen „Fuß" und unterstreiche es mit einem neuen Schlag ans linke Bein. Erlaube nie, daß sich die Leine strafft. Reagiere sofort mit einem Ruck und dem Hörzeichen „Fuß".

Nach ungefähr fünfzig Schritten mach eine scharfe Kehrtwendung nach rechts. Lenk die Aufmerksamkeit des Hundes mit einem „Fuß" und einem Zug an der Leine auf die bevorstehende Kehrtwendung. Geh nach der Wendung weitere fünfzig Schritte geradeaus. Dann bleib jählings stehen, gib das Hörzeichen „Sitz" und hilf ihm, wenn nötig, durch Straffziehen der Leine und Tippen auf die Kruppe. Dies ist die erste Phase des „bei Fuß". Betrachten wir sie im einzelnen.

*Ausgangsstellung.* Du gibst das Hörzeichen „Sitz" in der bereits bekannten Weise. In dieser Stellung hat der Hund ein oder zwei Sekunden zu verharren, bevor du mit „Fuß" beginnst.

*Wie die Leine zu halten ist.* Für die fehlerlose Unterweisung spielen Halsband und Leine eine ähnliche Rolle wie das Lenkrad am Kraftwagen. Wie das Lenkrad mehr ist als ein Ruhepunkt für die Hand, so sind auch Leine und Halsband nicht nur ein Mittel, den Hund in der Gewalt zu haben, sondern stellen eine „Leitung" dar, die Befehle überträgt, genau wie man das Auto durch die Drehung des Steuerrades lenkt.

Doch dazu mußt du die Leine in einer ganz bestimmten Weise halten. Steck die rechte Hand durch die Schlinge und winde die Leine zweimal ums Handgelenk. Dies ist eine Vorsichtsmaßnahme für den Fall, daß der Hund zu entwischen versucht. Die Hauptarbeit fällt deiner linken Hand zu, durch die die Leine mit einem Überhang von 50 bis 75 cm läuft. Am sichersten kannst du den Überhang abschätzen, wenn du dich noch mit dem Hund in der Ausgangsstellung befindest, wo er dicht neben deinem linken Bein sitzt. In dieser Stellung muß der Überhang ungefähr 75 cm betragen, um dem Hund diese Spanne zu lassen, ehe die Leine sich strafft.

Eine straffe Leine darfst du jedoch niemals erlauben. Denk wieder an das Steuerrad. Wenn es sich sperrt, ist jede Steuerung unmöglich. Nicht anders ist es mit der Leine. Auf eine straffe Leine kann man weder Zug noch Ruck ausüben, aber auf den Hund wirkt sie mit andauerndem Zug. Mit dem Ruck an der lockeren Leine kann man ihn lenken; ist sie straff, so überträgt sie nichts. Die straffe Leine lehrt deinen Zögling schon deshalb nichts, weil er durch die täglichen Spaziergänge an den Leinenzug gewöhnt ist. Bringe deine linke Hand dazu, beinahe automatisch zu reagieren. Sobald der Hund die Leine dehnt, muß die linke Hand mit einem Ruck in der entgegengesetzten Richtung antworten. Gib nach jedem Ruck das Sichtzeichen, den Schlag an den linken Schenkel, begleitet vom Hörzeichen „Fuß"

*Das Hörzeichen.* Rufe zu Beginn den Hund beim Namen, um ihn für die Übung vorzubereiten. Das „Fuß", das dann folgt, soll laut, herzhaft und einladend klingen. Der Name des Hundes wird mit einem Ton ausgesprochen, der Spannung bewirkt. Warte den Bruchteil einer Sekunde, ehe du „Fuß" befiehlst; dann gib das Hörzeichen mit Nachdruck.

*Das Sichtzeichen*, ein Schlag an den linken Schenkel, bezeichnet den Platz, an den der Hund sich zu halten hat. Dies wird anfangs ein wenig schwierig sein, weil die linke Hand fast gleichzeitig zwei Dinge tun muß – die Leine steuern und das Sichtzeichen geben –, aber du bekommst den Kniff bald heraus.

*Der Aufbruch.* Man beginnt den Gang mit dem linken Fuß, weil er dem Hund am nächsten ist. Nimm einen langen Schritt. Sehr bald wird dein Hund keine Hilfe und kein Sichtzeichen mehr benötigen, weil er weiß, daß das Hörzeichen „Fuß" und das Vorsetzen des lingen Fußes die Zeichen zum Aufbruch sind.

*Das leichte ruckweise Ziehen an der Leine.* Dadurch wird der Hund ermahnt, nahe bei dir zu bleiben. Es ist ein Mittel der Belehrung, nicht der Bestrafung. Deshalb darf keine Gewalt angewendet werden, im Gegenteil, gib den Ruck so leicht wie möglich — gerade genug, um ein Rütteln am Halsband zu bewirken. Zieh nur dann schärfer zu, wenn der Hund deinen Ermahnungen keine Aufmerksamkeit schenkt.

*Die Kehrtwendung.* Wenn du stets geradeaus gehst, läßt die Aufmerksamkeit des Hundes eher nach, als wenn du hin und wieder eine Kehrtwendung machst. Nur durch schnellen Richtungswechsel kannst du ihm zeigen, daß er dir mit wachen Sinnen folgen muß. Du wirst erstaunt sein, wie sich seine Haltung ändert, wenn du die erste Kehrtwendung ausgeführt hast. Hellwach und mit gespitzten Ohren bemüht er sich, bei der nächsten Kehrtwendung auf der Hut zu sein.

Um aus der Kehrtwendung so viel wie möglich herauszuholen, mußt du sie scharf machen, beinahe militärisch forsch. Wenn du dich gemächlich im Kreise drehst, bemerkt der Hund möglicherweise gar nicht, daß du die Richtung gewechselt hast. Mach die Kehrtwendung auf der Stelle, benutz den rechten Fuß als Drehpunkt und schwinge den Körper herum. Bleib nach der Wendung nicht stehen, sondern schreite sofort weiter, indem du wieder mit dem linken Fuß beginnst. Das erstemal wird der Hund überrumpelt werden und einige Schritte in der alten Richtung tun, bis sich die Leine straff zieht. Für einen groben, unerfahrenen Erzieher wäre dies eine willkommene Gelegenheit, mit aller Gewalt an der Leine zu zerren und den Hund herumzuschleifen oder herumzuschwingen. Aber du kennst unsere Erziehungsmethode jetzt schon zu gut, um einen solchen Fehler zu begehen. Dir genügt es, den üblichen kleinen Ruck zu geben, verbunden mit einem kräftigen Schlag an den Schenkel und einem ermunternden „F-u-uß". Der Hund wird sofort die Schwenkung mitmachen und nahe an dich herankommen. Lob ihn dann mit einem freundlichen „So ist's brav!" Aber halte nicht an. Mach es dir zur eisernen Regel, während dieser Übung niemals stehenzubleiben. Nur durch stetes Weitergehen kannst du dem Hund beibringen, sich dir nach jeder Schwenkung sofort zu nähern und an deiner Seite zu bleiben. Wenn du stehenbleibst, tut er es auch, und die ganze Übungslinie ist durchbrochen.

*Das „Halt"*. Das Folgen bei Fuß endet mit „Halt". Du bleibst stehen, und der Hund setzt sich an deine linke Seite. Die Übung endet, wie sie begonnen hat. Es ist das gleiche „Sitz", das wir schon kennen, nur vollzieht es sich jetzt nicht aus der stehenden Stellung, sondern aus dem Gehen und ist mit dem Halt verbunden.

Wenn du unvermittelt stehenbliebest, würde dein Hund an dir vorbeischnellen, und die Gelegenheit, ihn gleichzeitig mit dir zum „Halt" zu bringen, wäre verpaßt. Es versteht sich von selbst, daß du ihm deine Absicht mitteilst, bevor du das Hörzeichen „Sitz" gibst. Dies kann auf mancherlei Art geschehen: Indem du die letzten zwei, drei Schritte vor dem Halt von deinem gewöhnlichen Gehschritt unterscheidest; indem du mit dem Fuß beim letzten Schritt aufstampfst; oder indem du die Leine straffst, um den Hund, als Vorbereitung für „Sitz", so nahe wie möglich an dich heranzubringen. Wichtig ist, daß der Übungsabschluß deutlich gestaltet wird.

Nach einigen Übungsstunden wird dieses „Sitz beim Halt" dem Hund so vertraut sein, daß er sich auch ohne Hörzeichen setzt, weil er schon das Stehenbleiben des Herrn als Befehl auffaßt. Aber solange du ihn noch erziehst, leiste ihm jedwede Hilfe, über die du verfügst. Weiß er erst, was er zu tun hat, so kannst du die Hilfeleistungen nacheinander aufgeben.

Den ersten Lehrgang beenden wir mit einigen solchen „Halt". Verlangsame deutlich den Schritt als Warnungszeichen für den Hund. Zieh die Leine straff und bring ihn dicht an deine Seite. Betone den letzten Schritt vor dem scharfen, soldatischen „Halt" und befiehl „Sitz", indem du die Leine mit der rechten Hand, die sie für diese Bewegung von der linken übernimmt, hochziehst, während du mit den Fingerspitzen der Linken die Kruppe des Hundes berührst. Für den ersten Lehrgang haben wir nun genug geleistet. Geize nicht mit Lob, sag „So ist's brav" zu dem Hund und spiele ein wenig mit ihm.

**Korrekturen.** Auch bei dieser Übung ergeben sich Schwierigkeiten, die Korrekturen erfordern.

*Der Hund springt an dir hoch oder versucht zu spielen.* Diese Schwierigkeit wurde bereits im Abschnitt „Sitz" (s. S. 102) behandelt. Zeigt der Hund auch jetzt, wo er bei Fuß folgen soll, die gleichen Neigungen, so bleib nicht stehen, um ihn zurechtzuweisen, sondern korrigiere ihn im Vorwärtsschreiten. Dies wird dazu beitragen, ihn gefügig zu machen.

*Der Hund widersetzt sich dem Aufbruch.* Das kann beim scheuen wie beim halsstarrigen Hund vorkommen. Die Zurechtweisung richtet sich nach der Ursache. Ist der Hund nur eigensinnig und deutet sein Verhalten nicht auf Angst, so mußt du unter allen Umständen vorwärtsgehen, auch dann, wenn der Hund einmal ein wenig härter gezerrt wird. Rede ihm gleichzeitig gut zu, klopf an deinen Schenkel und spare nicht mit Lob, wenn er endlich aufschließt. Er wird bald herausfinden, daß er dem unangenehmen Ruck nur entgehen kann, wenn er beim Aufbruch flink ist.

Hockt er jedoch an der Ausgangsstelle wie festgeklebt, weil der

Vorgang ihm Angst einflößt, so würde ein harter Ruck nur sein Entsetzen vermehren. In einem solchen Fall bin ich dafür, eine Ausnahme von der Regel zu machen. Wenn auch freundliches Zureden nichts fruchtet, kehr zur Ausgangsstellung zurück, streichle ihn, gib mit einschmeichelnder Stimme das Hörzeichen „Tyras – Fuß" und leg die linke Hand unter das Halsband, ihn so fortbewegend, wobei jeder scharfe Zug vermieden werden muß.

*Der Hund bleibt zurück, drängt nach vorn oder zur Seite.* Dies ist durch einen leisen Ruck an der Leine leicht zu berichtigen. Wenn der Hund die freundliche Ermahnung mißachtet, versuch es hin und wieder mit einem schärferen Zug, der durch Lob ausgeglichen werden muß, sobald das Tier an deiner Seite bleibt.

*Der Hund hält den Kopf gesenkt und schnüffelt.* Nichts kann die Aufmerksamkeit des Hundes mehr von deinen Befehlen ablenken als ein ausgeprägter Geruch am Boden. Geh von der Stelle fort, die sein Interesse in besonderem Maße erregt. Richte den Kopf des Hundes mit einem kleinen Zug der Leine auf. Wende das Hörzeichen häufig an und mach scharfe Kehrtwendungen, die ihn zwingen, aufzublicken und fürderhin auf der Hut zu sein.

*Der Hund macht die Kehrtwendung nicht mit.* Sehr wahrscheinlich hast du ihm nicht genügend Zeit und Hilfe gegeben. Obwohl die Kehrtwendung scharf ausgeführt werden soll, so daß keine Pause im Weiterschreiten entsteht, mußt du dem Hund genügend Zeit belassen, herumzukommen. Deine schnelle Wendung nimmt weniger Zeit in Anspruch als sein weiteres Herumschwenken, da er ja auf der Außenseite ist. Du tust gut daran, die Leine einen Augenblick zu lockern, so daß du mehr als den gewöhnlichen Überhang gewährst. Dieses Mehr sammelst du beim Weitergehen ein, nachdem du ihn durch Zureden, Sichtzeichen und Wiederholen des Befehls wieder dicht an dich herangebracht hast.

*Welche Schrittgeschwindigkeit ist zu wählen?* Das hängt von der Größe des Hundes, seinem Temperament und der Weite deiner eigenen Schritte ab. Einige Rassen wie Bulldoggen, Pekinesen und Bernhardiner mögen nicht schnell gehen. Wähle einen Schritt, der frisch genug ist, deinen Hund anzuspornen, doch nicht so schnell, daß er dir nicht bequem zu folgen vermag.

*Der Hund verpaßt das „Halt".* Wahrscheinlich hast du es ihm nicht deutlich genug angekündigt. Noch einmal: Leiste dem Hund zu Anfang jede nur denkbare Hilfe, nur rufe ihn jetzt nicht beim Namen. Er würde aufblicken und damit die Stellung für den korrekten Sitz an deiner Seite verlieren.

Geh den ersten Lehrgang mit den beiden Übungen „Sitz" und „Bei Fuß" dreimal durch, ehe du dich dem nächsten Pensum zuwendest. Auch späterhin soll „Bei Fuß" stets zu den Übungen im Freien gehören.

### 8. Zweiter Lehrgang

**Bei Fuß an der Leine**
Zweiter Teil: Linke und rechte Schwenkung (vergl. Tafel 6)

Du hast deinem Hund beigebracht, bei Fuß an der Leine zu folgen, während du geradeaus gehst oder eine Kehrtwendung machst. Jetzt fügen wir dem Pensum die Schwenkung nach links und nach rechts hinzu.

**Wie die Schwenkung nach links gelehrt wird.** Während der Hund mit dir geradeaus bei Fuß geht, bereite dich und ihn auf eine Schwenkung nach links vor. Dabei drehst du dich auf dem linken Fuß 90 Grad nach links und gehst dann in der neuen Richtung weiter.

In dem Augenblick, wo du mit dem Richtungswechsel beginnst, befiel scharf „Fuß", schwenk auf dem linken Fuß nach links und verkürze gleichzeitig die Leine in deiner linken Hand. Dann schwing das rechte Bein in die neue Richtung und setz den rechten Fuß kurz nieder, parallel zum linken. Mit einem zweiten Hörzeichen „Fuß" und einem Schlag ans linke Bein geh in der geänderten Richtung weiter und gib dabei der Leine den gewohnten Überhang.

Wenn das Hörzeichen, der Ruck an der Leine und deine Bewegung den Hund nicht stutzig machen, wird er ziemlich rauh auf seinen Fehler aufmerksam gemacht, da er gegen dein linkes Bein prallt, wenn er sich dicht an dich hält, und gegen dein rechtes, wenn er voraus ist.

*Was lehrt dieses Verfahren den Hund ?* Er wird aus der Eintönigkeit des Geradeausgehens gerissen, weiß nun, daß er über jeden seiner Schritte zu wachen hat, um sich jedem Richtungswechsel anpassen zu können. Es bringt ihn ein wenig näher an das ideale Folgen bei Fuß heran, dessen Voraussetzung vollkommene Synchronisation ist. Das Hörzeichen „Fuß", mit dem du die Schwenkung einleitest, ist ihm eine vertraute

Mahnung, sich dicht an dein linkes Bein zu halten. Wenn er sich darein fügt, wird er nicht mit dir zusammenprallen. Ist er nur halb bei der Sache, so wird er von deinem schwenkenden linken Bein gestreift. Gehört er einer kurzbeinigen Rasse an, so ist die Berührung mit deinem linken Fuß wieder eine wirksame Mahnung, sich bei der nächsten Schwenkung besser vorzusehen. Doch wenn er unartig ist und geradeaus weitergeht, ohne sich um dein Hörzeichen und den Ruck an der Leine zu kümmern, wird er mit deinem rechten Bein zusammenprallen, wenn es in die neue Richtung schwenkt. Dies wird ihm deutlich machen, daß er unfolgsam war.

Wiederhole diese Linksschwenkung in kurzen Zeitabständen mindestens drei- bis viermal, bis der Richtungswechsel reibungslos gelingt. Zwinge dich, nicht auf den Hund zu sehen, wenn du die Schwenkung ausführst.

**Wie die Schwenkung nach rechts gelehrt wird.** Bereite dich und deinen Hund beim Gehen auf eine Schwenkung um 90 Grad nach rechts vor. Bring ihn durch einen Zug an der Leine dicht an dich heran und gib das Hörzeichen „Fuß" unmittelbar vor der Schwenkung. Dreh dich auf dem rechten Fuß, schwing das linke Bein herum, setz den linken Fuß kurz nieder und schreite in der neuen Richtung weiter, wieder mit dem linken Fuß zuerst. Befiehl scharf „Fuß" und gib das Sichtzeichen, den Schlag an dein linkes Bein. Wenn der Hund die Schwenkung versäumt und in der alten Richtung bleibt, wird die Leine straff und bringt ihn zum Stehen. In diesem Augenblick versetz der Leine einen kurzen Ruck, gib das Hörzeichen „Fuß" in einschmeichelndem Ton und geh weiter, ohne anzuhalten. Unternimm in kurzen Zeitabständen verschiedene Rechtsschwenkungen, bis ihr beide auch mit diesem Richtungswechsel vertraut seid.

Damit wäre die Übung „bei Fuß" vollständig gelehrt. Übe täglich alle drei Schwenkungen in stets wechselndem Ablauf. Schließ auch verschiedene „Halt" ein. Widme bei jeder Arbeit im Freien wenigstens zwei Minuten dem Folgen bei Fuß.

*Vervollkommnung der Übung.* Nun einige Ratschläge, wie man das Folgen bei Fuß vervollkommnen kann:

Sobald der Richtungswechsel dem Hund in Fleisch und Blut übergegangen ist, führ einen Schrittwechsel ein. Beschleunige den Schritt und fall nach einigen Sekunden in den normalen Schritt zurück. Verlangsame ihn das nächstemal, indem du einige Sekunden lang wenige und

kleine Schritte machst. Schalte bei jedem Schritt- und Richtungswechsel ein warnendes Hörzeichen und ein einladendes Sichtzeichen
ein. Reagiert der Hund nicht auf der Stelle, so werden ihm ein paar
kleine Rucke an der Leine zeigen, wo du ihn zu haben wünschst.

Vermeide es, deinen Hund anzublicken, wenn er mit dir bei Fuß
geht. Wenn du ihn immerzu beobachtest, besteht die Gefahr, daß du
dich seinem Schritt anpaßt, während du ihm gerade das Umgekehrte
beibringen willst. In psychologischer Hinsicht bedeutet es für den
Hund einen großen Unterschied, ob du beim Gehen geradeaus blickst
oder ihn ständig im Auge behältst. Du brauchst ihn gar nicht zu beachten, die Leine in deiner Hand verrät, ob er sich richtig verhält oder
nicht.

Nähere dich niemals dem Hund, weder bei „Fuß“ noch bei „Halt“.
Neulinge gewöhnen sich häufig an, mit dem Hund aufzuschließen,
wenn er sich zu weit entfernt. Nicht du hast aufzuschließen, er hat es
zu tun; daher muß jede Korrektur bei ihm einsetzen.

Laß ihn in solchem Fall durch ein scharfes „Fuß“ und einen Schlag
gegen dein linkes Bein dichter herankommen, verstärke den Befehl,
wenn nötig, durch einen Ruck an der Leine. Oder tadle ihn, wenn du
stehenbleibst und er zu weit von dir entfernt sitzt, mit einem „Pfui“,
gib das Hörzeichen „Fuß“, geh drei oder vier Schritte vorwärts und
verhilf ihm, bevor du von neuem stehenbleibst, durch Anziehen der
Leine zu einem korrekten Sitz.

Sobald er genügend Fortschritte macht, hören die Hilfeleistungen
allmählich auf. Gib den Befehl „Fuß“ nur noch beim Aufbruch und
nicht mehr als Vorbereitung für eine Schwenkung. Unterlaß die Sichtzeichen vollständig, ermahne den Hund nicht mehr durch Zug an der
Leine oder durch Straffziehen fürs „Sitz“, wenn du stehenbleibst.

Wird der Hund dadurch nachlässig, so kehr sofort für einige
Übungsstunden zu den Hilfeleistungen zurück.

### „Sitz – Bleib da“ (vergl. die Tafeln 7 und 8)

Begriffsbestimmung: Führer und Hund nehmen die Ausgangsstellung ein, der Hund im Sitz. Die Leine wird abgenommen. Der Hund
erhält das Hörzeichen „Bleib da“ und ein Sichtzeichen – der linke
Handteller bewegt sich in einer Halt-Gebärde auf seine Augen zu. Der
Führer entfernt sich vom Hund ungefähr 30 m, hält an und bleibt eine

Minute lang dem Hund gegenüber stehen. Dann kommt er zurück, geht links am Hund vorbei, hinten um ihn herum und bleibt stehen, sobald er die Ausgangsstellung erreicht hat. Nach einer Wartezeit von einer vollen Sekunde wird der Hund freigegeben und gelobt.

Aus dem Gesagten ist zu entnehmen, daß der Hund etwas vollkommen Neues zu lernen hat: Er muß auf einem bestimmten Fleck in einer bestimmten Stellung verharren, während du von ihm fortgehst. Dies ist nicht nur neu, es ist auch entgegen seinem Instinkt, der ihn treibt, sich an deine Sohlen zu heften, besonders dann, wenn du dich von ihm entfernst. Wir werden Schritt für Schritt vorgehen müssen, wenn wir ihm das „Sitz – Bleib da" beibringen wollen.

**Wie „Sitz – Bleib da" gelehrt wird: Erste Phase.** Nimm die Ausgangsstellung ein. Halte die Leine in der linken Hand, gewähre einen Überhang von 50 bis 75 cm und sammle das freie Ende in der linken Hand.

Entferne dich, mit dem rechten Fuß beginnend, ein oder zwei Schritte von deinem Hund und stell dich vor ihm auf, so daß du ihm ins Auge sehen kannst. Es ist wichtig, mit dem rechten Fuß zu beginnen, weil eine Bewegung deines linken Fußes den Hund veranlassen wird, dir zu folgen, denn das hast du ihm mit der „Bei-Fuß"-Übung beigebracht.

*Hörzeichen.* Bevor du den Hund verläßt, gib mit klangvoller und beruhigender Stimme das Hörzeichen „Bleib da".

*Sichtzeichen.* Gib mit dem Hörzeichen zugleich das Sichtzeichen und zwar mit der rechten Hand, indem du den offenen Handteller mit einer zum Halten nötigenden Bewegung dem Kopf des Hundes entgegenführst, doch ohne ihn dabei zu berühren.

*Handhabung der Leine.* Straff die Leine, indem du die linke Hand erhebst, bis sich das Halsband zu verengen beginnt. Würge den Hund nicht.

*Zeitbemessung und Abstimmung der Bewegungen.* Gib das Hörzeichen und zieh die Leine straff, bevor du dich entfernst. Dein erster Schritt wird den Hund verlocken, dir zu folgen; verhindere dies, indem du ihn mit dem Hörzeichen und der strafferen Leine zurückhältst. Gib das Sichtzeichen in dem Augenblick, wo du den rechten Fuß in Bewegung setzt, mit dem du nach *links* ausschreiten mußt, so daß du einen Schritt vor den Hund gelangst, während die linke Hand die Leine hochhält und die rechte das Sichtzeichen „Bleib da" gibt.

Bleib vor dem Hund stehen und wiederhole dein beruhigendes „Bleib da", das gedehnt gesprochen werden muß. Nach etwa zehn Sekunden begibst du dich zur Ausgangsstellung zurück unter Wiederholung des Hörzeichens „Bleib da", so daß er in seiner Stellung verharrt, bis du an seiner Seite stehst. Die Leine hältst du noch immer empor. Warte eine Sekunde, dann lockere sie. Jetzt übernimmt die rechte Hand die Leine, und die linke streichelt den Hund, während er gelobt wird.

Folgende Einzelheiten sind zu beachten:

*Funktion der Leine.* Indem du die Leine gerade emporziehst, während du dich vom Hund entfernst, hältst du ihn in seiner Stellung fest. Nur so verhilfst du ihm dazu, die Stellung beizubehalten. Wenn du die Leine an dich heranziehst, steht er auf. Straff die Leine nicht zu scharf.

*Das Hörzeichen: „Bleib da".* Der Name des Hundes darf in Verbindung mit dem „Bleib da" nicht benutzt werden; es wird ja von ihm keine Handlung verlangt; im Gegenteil, du willst ihn verhindern, die geringste Bewegung zu machen. Das Hörzeichen muß also langsam gesprochen werden, sehr gedehnt, so daß es eine deutlich beruhigende Wirkung ausübt. Es wird so oft wiederholt, wie es die Umstände erfordern, und kann etwas schärfer betont werden, wenn der Hund den Versuch macht, aufzustehen und dir zu folgen.

*Das Sichtzeichen.* Der offene Handteller, der sich seinen Augen nähert, wird ihm sagen, daß er bleiben muß, wo er ist. Es soll eine ruhige, sorgfältige Bewegung sein, die ihn nicht erschreckt oder gar veranlaßt, zurückzuspringen. Die Bewegung muß auch unbedingt waagerecht verlaufen; eine senkrechte Bewegung hätte die Wirkung, daß er sich niederlegt.

Einige Hunde verübeln jedoch eine Geste, die ihnen eine Hand so nahe vors Gesicht bringt. Wenn dein Hund durch das Sichtzeichen aus der Fassung gerät, verwende ein anderes. Ich habe festgestellt, daß ein streng erhobener Zeigefinger die gleichen Dienste tut. Der Hund wird aufblicken und den Finger beobachten; die natürliche Stellung beim Aufblicken ist – Sitzen.

*Das Wegschreiten vom Hund.* Der erste Schritt von ihm fort muß anders ausgeführt werden als beim Aufbruch zum Folgen bei Fuß. Man beginnt in diesem Fall nicht wie sonst mit dem linken Fuß, sondern mit dem rechten, der weiter vom Hund entfernt ist.

Um von der Seite des Hundes zur Vis-à-vis-Stellung zu gelangen, macht man eine Linksdrehung, während man einen Schritt zurücktritt.

*Zeitbemessung und Abstimmung der Bewegungen.* Das Hochnehmen der Leine und der Befehl „Bleib da" sind Vorbereitungen zu deiner ersten Bewegung. Sichtzeichen und erster Schritt sollen gleichzeitig erfolgen, begleitet von einem zweiten Hörzeichen „Bleib da". Wenn du den Hund beim erstenmal dazu gebracht hast, daß er zehn Sekunden lang sitzenbleibt, kannst du mit dem Erreichten sehr zufrieden sein.

**Korrekturen.** Wenn der Hund sich bewegt oder aufsteht, bevor du dich ihm gegenüber aufgestellt hast, weise ihn mit einem einfachen „Pfui" zurecht und beginn die Übung von vorn, wobei du dich vergewissern mußt, ob du die Leine auch wirklich so hältst, daß sie ihn zum Sitzenbleiben zwingt. Beobachte ihn scharf, während du ihm gegenüberstehst, und zeige ihm das Sichtzeichen die ganze Zeit. Wenn du merkst, daß er aufstehen will, tritt rasch wieder an seine Seite, halt ihn mit der erhobenen Leine eine weitere Sekunde im Sitz und gib ihn dann frei.

Sollte er sich unentwegt weigern, das „Bleib da" zu lernen, so erleichtere ihm die Sache noch mehr. Anstatt ihm durch Kehrtwendung gegenüberzutreten, versuch zuerst nur einen Schritt zur Seite zu machen. Das gestattet dir eine bessere Leinenführung, und der Hund wird weniger in Versuchung sein, aufzustehen. Erst wenn er gelernt hat, sitzenzubleiben, während du einen Schritt zur Seite tust, unterzieh ihn der nächsten Probe, indem du ihm gegenüber trittst.

Scharfe Rucke an der Leine sind ein Lehrhindernis. Brüllen würde zu nichts führen. Manchmal allerdings kann man einen ungelehrigen Hund dadurch zum Gehorsam bringen, daß man ihm die offene Hand unter das Kinn legt, um ihn in seiner Stellung zu halten.

**Wie „Sitz – Bleib da" gelehrt wird: Zweite Phase.** Sobald dein Hund die Hilfe der emporgehaltenen Leine nicht mehr braucht, kannst du zur zweiten Phase übergehen. Geh jetzt von ihm fort, ohne die Leine straff zu ziehen; halte sie locker in der linken Hand, während du dich ihm gegenüber aufstellst. Wenn er sitzenbleibt, geh rückwärts bis zum Ende der Leine, Aug in Auge, aber vergewissere dich, daß die Leine bis zuletzt so locker hängt, daß sie den Hund nicht zu dir heranzieht. Wenn du sie straffen mußt, hebe sie hoch. Schau den Hund einen Augenblick an, dann geh zwei Schritte nach rechts und zwei

Schritte nach links, beschreibe zuletzt einen Halbkreis, immer so, daß ihr einander seht. Kehre nun zurück und lob ihn. Wenn er zwanzig Sekunden sitzenbleibt, während du dich bewegst, kannst du zur dritten Phase übergehen.

**Wie „Sitz – Bleib da" gelehrt wird: Dritte Phase.** Entferne dich vom Hund mit locker gehaltener Leine und stell dich wie zuvor ihm gegenüber auf. Nun laß die Leine zu Boden fallen, doch so, daß du jederzeit den Fuß darauf setzen kannst, wenn der Hund auszubrechen versucht. Geh fünf Schritte nach rechts, fünf nach links, fünf zurück und beschreibe dann einen Halbkreis vor den Augen des Hundes, umkreise ihn ganz, nun auch hinter ihm, und kehr dann zur Ausgangsstellung zurück, wobei du das Hörzeichen „Bleib da" so oft gibst, wie sein Verhalten es heischt. Gib ihn frei und spende ihm Lob. Hat er im „Sitz" eine volle Minute durchgehalten, so ist er reif für die vierte und letzte Phase.

**Wie „Sitz – Bleib da" gelehrt wird: Vierte Phase.** Nimm dem Hund die Leine ab und entferne dich; doch anstatt wie bisher rückwärts zu gehen und ihm das Gesicht zuzuwenden, gehst du jetzt geradeaus und drehst dich erst nach ungefähr fünfzehn Schritten zu ihm herum. So bleibst du eine Minute stehen, möglichst ohne Wiederholung des Hörzeichens „Bleib da". Kehr zu ihm zurück, indem du ihn wieder ganz umkreist, warte einen Augenblick nach Erreichung der Ausgangsstellung und gib ihn dann mit einem Lob frei. Dies ist die vollkommene Übung „Sitz – Bleib da".

Es bleibt dir überlassen, ob der Hund länger als eine Minute sitzenbleiben soll. Vergiß jedoch nicht, daß er sich im Sitzen nicht entspannt. Nur bei „Platz" wird er es bequem haben. Benutze darum den Befehl „Sitz – Bleib da" im täglichen Leben nur für kurze Zeit. Wenn er beispielsweise vor einer Ladentür warten soll, während du Einkäufe machst, bediene dich des Befehls „Platz – Bleib da", den wir im nächsten Lehrgang besprechen werden.

*Der Gebrauch der langen Schnur.* Zu Beginn der Ausbildung sollten alle Übungen mit abgeleintem Hund nur an einem sicher umfriedeten Ort vorgenommen werden. Wenn dir weder Hof noch Garten zur Verfügung steht, verlege die Übung „Sitz – Bleib da" in einen Innenraum von entsprechender Größe. Du wirst erstaunt sein, wie gut es sich in einem Wohnzimmer, einer Diele, einer Garage, einem Schuppen oder selbst im Keller arbeiten läßt.

Wenn du gezwungen bist, auf einem offenen Platz im Freien zu üben, benutz die zehn Meter lange Schnur, die im Abschnitt „Ausrüstung" (s. S. 97) beschrieben worden ist. Verwende sie genau wie die gewöhnliche Leine und entrolle sie, während du dich vom Hund entfernst. Ob du das Ende in der Hand behältst oder die Schnur auf dem Boden auslegst, das spielt für die Herrschaft über den Hund nur eine geringe Rolle. Denn selbst wenn er auszubrechen versucht, bleibt dir immer noch Zeit genug, den Fuß auf die Schnur zu setzen und sie zu ergreifen, ehe er den ersten Sprung getan hat. Arbeite erst ohne Leine, wenn du dich auf den Hund unbedingt verlassen kannst.

### 9. Dritter Lehrgang

Dieser Lehrgang befaßt sich mit einer neuen Übung, die aus zwei Teilen besteht: „Platz" und „Bleib da". „Platz" kann auf verschiedene Art gelehrt werden; du selbst mußt entscheiden, welche sich für deinen Hund am besten eignet.

### „Platz" (vergl. die Tafeln 9 und 10)

Begriffsbestimmung: Auf das Hörzeichen „Platz" und das Sichtzeichen der erhobenen rechten Hand legt sich der Hund nieder und bleibt in dieser Stellung, bis er freigegeben wird.

Es gibt für diese Übung zwei ganz verschiedene Lehrmethoden: Man kann den Hund entweder zwingen oder ihn überreden, sich niederzulegen. Die zweite Methode ist wirkungsvoller; der Hund, der zum Niederlegen überredet worden ist und gehorcht, hat verstanden, was man von ihm will. Versuch es zuerst mit der Überredung. Wenn das fehlschlägt, bleibt dir immer noch die andere Methode.

**Wie „Platz" durch Überredung gelehrt wird.** Hund und Führer nehmen die übliche Ausgangsstellung ein. Der Hund sitzt also an deiner linken Seite. Durch Hör- und Sichtzeichen wird ihm „Bleib da" befohlen. Mit dem rechten Fuß beginnend, trittst du dem Hund Aug in Auge gegenüber, die Leine locker in der linken Hand. Laß dich vor dem Hund auf ein Knie nieder und gib das Hörzeichen „Platz" mit überredender, doch nicht zu leiser Stimme und schlag mit der flachen rechten Hand auf den Boden, unmittelbar vor dem Hunde. Reagiert er nicht, so mußt du das Hörzeichen wiederholen, weiter mit der rechten Hand auf den Boden schlagen und mit der linken der Leine einen Ruck nach unten geben. Wende dabei nicht zuviel Kraft an. Wenn der Hund den Befehl noch immer nicht versteht, wird er ihm noch mehr verdeutlicht. Während die linke Hand die Leine weiter nach unten zieht, wiederholst du einschmeichelnd das Hörzeichen und tippst mit der rechten Hand auf die Vorderpfoten des Hundes, wodurch sie auf dich zugleiten sollen. Wenn auch das nichts nützt, zieh mit dem Hörzeichen „Platz" sehr sanft mit beiden Händen seine Vorderpfoten zu dir heran, so daß der Hund in liegende Stellung gleitet.

Sowie er liegt, wiederholst du das Hörzeichen und gibst nun auch ein Sichtzeichen: Die erhobene offene Hand fährt in Richtung auf seinen Kopf nieder, ohne ihn zu erschrecken oder zu berühren. Er soll nun etwa zehn bis fünfzehn Sekunden in „Platz" verharren, während du vor ihm hockst, das Ende der vollständig gelockerten Leine in der Hand. Dann belohne ihn mit einem Lob und einem Tätscheln, gib ihn frei und steh auf.

*Ausgangsstellung.* Die Übung mit „Sitz" und „Bleib da" zu beginnen, hat den Vorteil, daß der Hund sich bereits im Dienst fühlt und auf den nächsten Befehl wartet. Wenn du zuerst „Sitz" und dann „Platz" befiehlst, lernt er außerdem die beiden Übungen auseinanderhalten, und es entsteht keine Verwirrung der Begriffe.

*Deine Stellung.* Nachdem du „Bleib da" befohlen hast, trittst du Aug in Auge vor den Hund und hockst oder kniest dich nieder. Sollte er versuchen, mit dir zu spielen oder aufzustehen, so festigt ein zweites „Bleib da" rasch seinen Gehorsam. Voraussetzung ist natürlich, daß er das „Sitz – Bleib da" am Schnürchen kann, ehe du mit „Platz" beginnst.

*Handhabung der Leine.* Die Leine ist bei dieser Übung von geringer Bedeutung. Halte sie zu Beginn locker in der linken Hand und leg sie vor dir auf den Boden, so daß du sie jederzeit schnell ergreifen kannst, falls der Hund dir entwischen will. Im übrigen wird die Leine nur für die kleinen Ruckbewegungen nach unten verwendet. Achte aber darauf, daß du den Hund nicht zu dir heranziehst. Für die Rucke halte die Leine nahe am Halsband; je kürzer sie ist, desto besser gelingt der Zug nach unten.

*Hörzeichen.* Das Hörzeichen muß bei der Methode der Überredung sanft gegeben werden. Der Name des Hundes wird nicht hinzugefügt.

Wiederhole das Hörzeichen „Platz", sooft es dir wünschenswert erscheint.

*Hilfeleistung beim Niederlegen des Hundes.* Der leichte Schlag deiner rechten Hand auf den Boden zeigt dem Hund an, daß er sich niederlegen soll. Einige Hunde schnappen möglicherweise spielfreudig nach der Hand; zieh sie dann näher an dich heran. Im Bestreben, die Hand zu erreichen, legt sich der Hund ganz von selbst nieder.

*Der Ruck an der Leine* darf nur leicht und kurz ausgeübt werden. Versuche nicht, den Hund mit Gewalt niederzuziehen.

*Das Tippen auf die Vorderpfoten.* Um niederzugleiten, muß der Hund die Vorderpfoten vorwärts schieben, dir entgegen. Wenn du in Richtung auf dich tippst, zeigst du ihm, wie er niedergleiten kann.

*Das Ziehen an den Vorderpfoten.* Dies hat schnell, jedoch sanft zu geschehen, an beiden Vorderpfoten zu gleicher Zeit. Ziehst du zu langsam, so springt der Hund auf; ziehst du nur an einer Pfote, so verlegt er sein Gewicht auf die andere und leistet dadurch deinen Bemühungen Widerstand. Wenn nötig, kannst du seinen Körper ein wenig zur Seite schieben, während du die Pfoten nach vorn ziehst. Das bringt ihn schnell dazu, sich niederzulegen. Doch sei dir bei Anwendung dieses Verfahrens bewußt, daß es so bald wie möglich durch das Tippen auf die Vorderpfoten ersetzt werden muß. Der Hund erinnert sich daran, was diese Berührung zu bedeuten hat, und legt sich nieder.

*Wenn der Hund sich gelegt hat.* Überzeuge dich, ob er richtig liegt, das heißt, ob sein ganzer Körper den Boden berührt. Manche Hunde gewöhnen sich an, nur halbwegs niederzugehen und in kauernder Stellung zu verharren. Indem du ihn sanft auf die Seite schiebst, kannst du ihn in eine entspannte, ruhende Lage bringen. Wenn er wirklich liegt, bleib zehn bis fünfzehn Sekunden in deiner hockenden oder knienden Stellung und wiederhole das Hörzeichen „Platz". Wenn du dich aufrichtest, wird er es in dieser Übungsphase auch tun. Streichle ihn mit dem gewohnten Lobspruch und gib ihn frei. Ein wichtiger Hinweis: Streichle, berühre und lobe den Hund niemals, solange er noch liegt. Er steht auf, wenn du es tust.

Wenn dein Hund auf alles schmeichelnde Überreden nicht eingeht, muß er durch Zwang zum Niederlegen gebracht werden. Richtig ausgeführt, wird der Zwang dem Hund im allgemeinen weder wehe tun, noch ihn aus der Fassung bringen. Aber vergiß nicht, daß scheue Hunde durch jedwede Gewaltanwendung erschreckt werden.

**Wie „Platz" durch Zwang gelehrt wird.** Führer und Hund nehmen die Ausgangsstellung ein. Gib das Hörzeichen „Bleib da" und tritt dem Hund in einer Entfernung von ungefähr einem Meter gegenüber, die Leine locker in der linken Hand. Heb mit dem Hörzeichen „Platz" den rechten Arm, Hand und Finger ausgestreckt, hoch und steil in die Höhe und laß ihn niedersausen, als zieltest du auf den Hund. Doch trifft die Hand nicht ihn, sondern die Leine an einem Punkt dicht vor dem Schnappschloß, wobei der Hund durch die Leine niedergezwungen wird. Das Hörzeichen muß unmittelbar vor Vollendung der Geste wiederholt werden.

Auf gleiche Weise kann man die Leine statt mit der Hand mit dem rechten Fuß niederreißen. Dadurch erspart man sich das Bücken und die Unbequemlichkeit, in der gebückten Haltung bleiben zu müssen, bis der Hund freigegeben werden kann. Bei den kleineren Rassen ist es entschieden vorteilhaft, den Fuß zu benutzen.

Liegt der Hund, so muß er in dieser Stellung mindestens zehn bis fünfzehn Sekunden festgehalten werden, wobei man das Hörzeichen wiederholt. Hüte dich davor, die eigene Stellung zu verändern. Sonst würde der Hund aufstehen.

Ein drittes Verfahren empfiehlt sich für halsstarrige Hunde, die sich ganz steif machen und richtig dagegen ankämpfen, abgelegt zu werden. Wieder beginnt man in der Ausgangsstellung und tritt dann vor den Hund. Doch diesmal stellst du dich in kürzerer Entfernung vor ihm auf, etwa einen halben Meter. Halt die Leine locker in der linken Hand und setz den linken Fuß quer darauf, so daß die Leine unter der Sohle durchgleitet. Befiehl „Platz", zieh die Leine nach oben und gib zur gleichen Zeit das Sichtzeichen: Die rechte Hand fährt hinunter.

Ein viertes Verfahren bleibt den allerhalsstarrigsten Geschöpfen vorbehalten. Stell dich wie zuvor dicht vor dem Hund auf und setz den Fuß auf die Leine, doch diesmal der Länge nach, mit der Spitze so nahe am Schnappschloß wie möglich. Nun zieh die Leine mit dem Hörzeichen „Platz" straff, gib das Sichtzeichen mit der rechten Hand und drück die Leine mit dem Gewicht des linken Fußes nach unten. Das ist allerdings eine etwas grobe Art und Weise, dem Hund das Niederlegen beizubringen; das Verfahren sollte nur angewendet werden, wenn sonst nichts zum Ziel geführt hat. Doch wenn der Hund die ernstliche Neigung zeigt, nach der Hand des Führers zu schnappen, ist es recht praktisch. Man kann dann den Hund zum Niederlegen zwingen, ohne die Hand in seine Reichweite zu bringen.

Beide Methoden zeitigen das gleiche Ergebnis. Der Hund wird gelehrt, das Hörzeichen „Platz" und das mit der rechten Hand gegebene Sichtzeichen mit dem Niederlegen in Verbindung zu bringen. Hat er verstanden, was von ihm gefordert wird, so hör mit den Hilfeleistungen nacheinander auf, bis er sich auf Hör- und Sichtzeichen hin niedertut und liegenbleibt.

## Korrekturen

*Der Hund steht auf, sobald er zum Niederlegen überredet oder gezwungen werden soll.* Die Wahrscheinlichkeit spricht dafür, daß du mit der Übung „Platz" beginnst, ohne daß die vorangehende Übung „Sitz – Bleib da" dem Hund in Fleisch und Blut übergegangen ist. Sonst wird ihn nämlich der Befehl „Bleib da" an Ort und Stelle festhalten, ehe du „Platz" befiehlst. Wiederhole also die Übung „Sitz – Bleib da" und überzeuge dich, daß du dich auf die richtige Ausführung wirklich verlassen kannst.

Möglich ist jedoch auch, daß du die Leine falsch handhabst. Wenn der Zug nicht auf den Boden führt, sondern zu dir, bleibt dem Hund nichts anderes übrig, als aufzustehen und zu dir zu kommen. Vergewissere dich über diesen Punkt, ehe du die Schuld bei ihm suchst.

Korrigiere ihn scharf, sowie er sich aufzurichten beginnt; halte die Leine so, daß sie sich sofort straff ziehen läßt.

*Der Hund verübelt den Zug an der Leine.* Manche Hunde sind ganz besonders empfindlich gegen das Würgehalsband. Sie bäumen sich auf und gebärden sich zuweilen wie rasend, sogar bis zum Zuschnappen. Solch ein Hund sollte durch die Methode der Überredung zu „Platz" gebracht werden; wenn das ganz und gar nicht möglich ist, kann der Zug an der Leine nur ausgeführt werden, indem man, wie oben beschrieben, darauf tritt und sie mit dem Fuß niederhält.

*Der Hund legt sich zwar, springt aber sofort auf.* Dies läßt sich leicht abwenden, indem du selbst in der hockenden oder knienden Stellung so lange ausharrst, wie der Hund liegenbleiben soll. Wenn nötig, leg die offene rechte Hand auf seinen Nacken und halte ihn sanft nieder. Ganz allmählich, wenn du fühlst, daß er ruhiger geworden ist, nimmst du die Hand fort.

## „Platz – Bleib da" (vergl. Tafel 11)

Wenn du deinen Hund abgelegt hast, wirst du wünschen, daß er eine Weile in dieser Stellung bleibt. Darum ist die Übung „Platz – Bleib da" ebenso wichtig wie „Platz" allein.

Begriffsbestimmung: Der Hund erhält den Befehl „Platz". Sobald er liegt, gibt der Führer das Hörzeichen „Bleib da" und wiederholt das Sichtzeichen für „Platz", den mit der offenen Hand hinabfahrenden rechten Arm. Doch nun entfernt er sich vom Hund und stellt sich in einer Entfernung von etwa zehn Meter drei Minuten lang vor ihm auf. Hierauf kehrt er zum Hund zurück und umkreist ihn linksherum. Nach einer Wartezeit von ein oder zwei Sekunden wird der Hund freigegeben und gelobt.

Diese Übung ist sehr ähnlich wie die Übung „Sitz – Bleib da", in der sich der Hund bereits gut auskennt. Nur legt er sich diesmal nieder, statt sich zu setzen. Die meisten Hunde zeigen beim „Platz" eine überraschende Beharrlichkeit, auch wenn sie diese beim „Sitz – Bleib da" nicht bewiesen haben.

**Wie „Platz – Bleib da" gelehrt wird.** Leg den Hund ab, indem du die Leine locker in der linken Hand hältst. Warte ab, bis er in wirklich entspannter Haltung liegt. Gib das Hörzeichen „Bleib da" sowie das Sichtzeichen und entferne dich zwei oder drei Schritte rückwärts, das Gesicht ihm zugewandt, mit gelockerter Leine. Nun geh ein paar Schritte nach rechts, darauf ebenso viele nach links, indem du einen Halbkreis dem Hund gegenüber abschreitest, dies unter Wiederholung von Hör- und Sichtzeichen. Bleibt der Hund liegen, so stell ihn auf eine weitere Probe, indem du ganz um ihn herumgehst, bis du ihm wieder gegenüberstehst.

Beim nächstenmal läßt du die Leine fallen und wiederholst die Übung ohne Leine. Denk daran, die Leine so hinzulegen, daß du sofort den Fuß darauf setzen kannst, wenn der Hund sich aufrichten will. Bleibt er ruhig liegen, so tritt noch drei Schritte zurück und bleib eine volle Minute vor ihm stehen. Dann kehr zu ihm zurück und umkreise ihn links, hinter seinem Rücken, bis du wieder neben ihm stehst. Warte einige Sekunden, dann gib ihn frei und lobe ihn.

Später nimmst du die Leine vollständig ab, ehe du ihn verläßt. Steigere allmählich die Entfernung und die Zeit deines Wegbleibens, bis du etwa zehn Meter fortgehen und ihn drei Minuten liegenlassen kannst. Steige als letztes sorgfältig über den Hund hinweg, damit sich seine Beharrlichkeit verstärkt.

**Korrekturen**

*Der Hund kriecht auf dich zu.* Sein Wunsch, stets so nahe wie möglich bei dir zu sein, liegt im Widerstreit mit deinem Befehl „Bleib da". Er sucht also nach einem Ausweg aus diesem Zwiespalt und findet ihn, indem er zu dir kriecht. Es sieht rührend aus, weil er sich trotz allem so hart bemüht, gehorsam zu sein. Doch darfst du es ihm nicht durchgehen lassen. Im Augenblick, wo er sich vorwärts bewegt, ruf ihm „Bleib da" zu und gib ihm das Sichtzeichen. Nur mach in einer gewissen Entfernung nicht mehr die niederfegende Bewegung mit dem rechten Arm, sondern halte ihn in die Höhe. Auf diese Weise hebt sich das Sichtzeichen deutlicher vom Hintergrund ab, viel deutlicher, als wenn du den Arm senkst und deine Hand durch den Körper verdunkelt wird.

*Der Hund steht auf und kommt auf dich zu.* Versuch den Hund mit dem Hör- und Sichtzeichen in *dem* Augenblick aufzuhalten, wo er seine erste Bewegung macht. Wenn das keinen Erfolg hat, sag „Pfui" und geh ihm ruhig entgegen. Er wird wahrscheinlich auf halbem Wege zu dir mit reuiger Miene stehenbleiben. Faß ihn sanft beim Halsband, führ ihn auf die Ausgangsstellung zurück, leg ihn wieder ab und gib laut das Hörzeichen „Bleib da". Entferne dich diesmal nur halb so weit und für kürzere Dauer. Wenn er jetzt brav bleibt, steigere wieder Zeit und Entfernung.

*Der Hund steht auf und läuft weg.* Dieses Verhalten ist typisch für einen spielfreudigen Hund, der noch nicht gelernt hat, auf Ruf heranzukommen. Am besten tust du daran, ihm nicht nachzulaufen. Dies würde er als Einladung zum Greifspiel auffassen. Knie entweder ruhig nieder und ruf ihn schmeichelnd, oder geh in der entgegengesetzten Richtung davon, bis er dir nachkommt. Er wird es wahrscheinlich bald tun. Straf ihn unter keinen Umständen für dieses schlechte Betragen. Strafe würde ihn nur veranlassen, das nächstemal ganz von dir wegzubleiben. (Dies wird im Lehrgang „Herankommen auf Ruf" noch erörtert werden.)

Wie ich bereits hervorhob, sollte „Platz – Bleib da" ohne Leine nur an einem eingefriedeten Ort gelehrt werden. Steht keiner zur Verfügung, so muß die lange Schnur gebraucht werden, von der schon mehrmals die Rede war (s. S. 97).

*Der Hund setzt sich auf.* Nervöse Hunde neigen dazu. Sie sind der Meinung, man dürfte sich nicht zu weit von ihnen entfernen, und machen sich bereit, dem Führer nachzurennen, falls er etwa den Versuch macht, sie ernstlich im Stich zu lassen. Geh dann ein paar Schritte auf den Hund zu, wiederhole Hör- und Sichtzeichen ohne zuviel Geschrei und tritt sofort zurück, sobald er sich niederlegt. Wenn nötig, kehr ganz zu ihm zurück, bring ihn nieder und verlaß ihn unter sorgfältigem Rückwärtsschreiten. Wichtig ist, daß du dich nicht auf ihn stürzt. Er könnte erschrecken und auf und davon rennen.

Es ist schwer vorauszusagen, wie lange der Hund braucht, um in „Platz – Bleib da" völlig zuverlässig zu sein. Manchmal nimmt es viele Wochen täglicher Arbeit in Anspruch, ihn dahin zu bringen. Ich schlage vor, mit dem nächsten Lehrgang, dem „Herankommen auf Ruf", zu beginnen, sobald der Hund so sicher ist, daß er dich für die Dauer einer Minute bis zu zehn Meter vorwärts und rückwärts gehen läßt.

## 10. Vierter Lehrgang

### Herankommen auf Ruf
(vergl. die Tafeln 12 und 13)

Keine Übung ist von größerer Bedeutung als diese. Den Hund nicht fassen zu können, ihn verzweifelt und vergeblich zu rufen oder hinter ihm herzurennen in erfolgloser Jagd – welcher Hundebesitzer würde das nicht als entwürdigend empfinden; außerdem kann der Hund, der auf Ruf nicht herankommt, in gefährliche Lagen geraten.

Psychologisch gesehen, arbeiten zwei Wesenseigenschaften des Hundes gegeneinander: Der Wunsch, sich in der Nähe des Herrn zu halten, und die Lust am Herumtollen. Als dritter komplizierender Antrieb kann Furcht mit im Spiele sein, wenn er das Gefühl hat, im Unrecht zu sein, und Strafe voraussieht.

Begriffsbestimmung: Wenn der Hund das Hörzeichen „Tyras – komm" vernimmt, muß er sofort und flink zum Führer kommen und sich dicht vor ihm niedersetzen. Ob er in diesem Augenblick sitzt, liegt oder herumrennt, spielt keine Rolle; er muß dem Befehl ohne Zögern gehorchen.

Für Übungs- und Prüfungszwecke erfolgt der Heranruf im allgemeinen, wenn der Hund sitzt. Aber da man den Hund ja unter allen nur denkbaren Umständen in der Gewalt haben muß, können wir das Heranrufen nicht auf den Sitz beschränken, obwohl wir ihn als Ausgangsstellung benutzen wollen.

**Wie das Herankommen auf Ruf gelehrt wird: Erster Teil.** Nimm die Ausgangsstellung ein. Gib das Hörzeichen „Bleib da" und entferne dich bis zum Ende der Leine, indem du dich in etwa 1½ m Abstand vor ihm aufstellst, die Leine locker in der rechten Hand. Gib das Hörzeichen „Tyras – komm" mit hoher Stimme, schlag an dein Knie und beug dich vor, indem du der Leine einen leichten Ruck gibst. Rede ihm gut zu und lob ihn, bis er dicht vor dir steht, dann tätschle ihn ausgiebig.

Sein Zaudern beim Kommen wird dich vielleicht ein wenig überraschen. Aber vergiß nicht, daß ihm bis jetzt beigebracht worden ist, zu „bleiben", wenn er sich im „Sitz" befindet, und daß er also seine guten Gründe hat, im Zweifel zu sein, ob du wirklich willst, daß er aufstehen und herankommen soll. Ermutige ihn deshalb, rede ihm gut zu und lob ihn reichlich, damit er diese Zweifel überwindet.

*Ausgangsstellung, Hörzeichen („Bleib da") und Weggehen* sind genau die gleichen Phasen wie bei der Übung „Sitz – Bleib da" (s. S. 113).

*Gegenüberstehen.* Die Entfernung, in der man sich dem Hunde zukehrt, hängt von der Länge der Leine ab. Angenommen, die Leine wäre 2 m lang, so kann man sich im Abstand von 1½ m mit lockerer Leine aufstellen.

*Hörzeichen „Komm".* Du verlangst jetzt eine Handlung vom Hund; setz also seinen Namen vor das Wort „Komm". Wenn du zwischen Namen und Hörzeichen eine knappe Pause einschaltest und einen hohen Ton anschlägst, schaffst du eine Spannung, die deinen Hund vorwärts reißt, zu dir hin. Lautstärke ist unter allen Umständen zu vermeiden; der Hund braucht Ermunterung, kein Gebrüll.

*Sichtzeichen.* Der Schlag ans Knie zeigt ihm die Richtung an, in der er sich bewegen soll, und die Stelle, wo du ihn erwartest.

*Vorgebeugte Haltung.* Weil die vorgebeugte, kniende oder hockende Haltung des Führers den Menschen auf gleiche Ebene mit dem Hund bringt und sich damit der Vorstellung vom Meutekameraden nähert, wirkt sie auf den Hund entschieden anlockend und überraschend. Vielleicht verbindet er diese Stellung auch mit Spiel und Liebkosung. Jedenfalls zieht er sie der aufrechten Haltung des Menschen vor.

*Ruck an der Leine.* Hüte dich davor, zu scharf zu ziehen. Der Hund darf keinesfalls aus seiner sitzenden Stellung geschnellt werden; denn er nimmt sie auf Grund deines Befehls ein; vielmehr soll er durch den neuen Befehl „Komm" daraus herausgelockt werden. Gestalte also den Ruck als kleine freundliche Sonderhilfe für ihn, als Wink, daß er nun aufstehen soll. Sammle die Leine ein, während er herankommt. Zieh ihn aber dabei nicht zu dir heran, sorge nur dafür, daß er sich nicht in die Leine verwickelt. Sollte er auf halbem Wege stehenbleiben, so hilf nochmals mit einem leichten Ruck, einem Hörzeichen und dem Schlag ans Knie nach. Laß ihn sich nicht setzen, wenn er dich erreicht hat. Er soll jetzt ja nur das Herankommen lernen.

**Korrekturen.** Es ist möglich, daß dein Hund nicht kommt, wenn du ihn rufst. Die Gründe für sein Zaudern habe ich bereits erwähnt. Gib den Versuch nicht auf, auch wenn du mehrmals erfolglos rufen mußt. Wenn es im Guten gar nicht gehen will, bleibt der Zwang.

*Wenn der Hund nicht kommt.* Stell dich wie zuvor ihm gegenüber auf, in 1½ m Entfernung, mit gelockerter Leine. Gib das gleiche Hör- und Sichtzeichen, doch einen schärferen Ruck an der Leine, so daß er gezwungen wird, sich dir um einen oder zwei Schritte zu nähern, während du selbst fünf bis sechs rasche Schritte rückwärts tust. Dies wird ihn dazu bringen, dir zu folgen. Wiederhole das helle „K-o-m-m" und die auffordernden Schläge ans Knie, dazu gib der Leine hin und wieder einen Ruck, so daß du ihn geradeswegs auf dich zusteuerst. Knie, wenn nötig, nieder und empfang ihn mit ausgebreiteten Armen, bereit, ihn zu loben und zu liebkosen. Denk daran, daß alles gut und nützlich ist, was ihn zum Verstehen deines Befehls bringt.

*Wenn der Hund an dir vorbeizurennen versucht.* Manche Hunde mißverstehen das überredende Gebaren ihres Herrn und nehmen es als Aufforderung zum Spiel. Sie jagen auf ihn zu und unter seiner Nase an ihm vorbei. Geschieht das, so fang ihn mit der Leine ab, doch nicht so scharf, daß er sich bestraft fühlt. Wenn du die Leine einziehst, sorg dafür, daß er auf die für ihn vorgesehene Stelle gelenkt wird, genau vor dir. Bewirke es, wenn nötig, indem du ihm die Arme öffnest.

*Wenn der Hund an dir hochspringt.* Halt ihn in Schach, doch vermeide den Eindruck der Strafe. Ein oder zwei Schritte rückwärts werden bei richtigem Einsammeln der Leine den gewünschten Zweck erfüllen.

Ist der Hund soweit gebracht, daß er kommt, so kann man zum nächsten Lehrabschnitt übergehen.

**Wie das Herankommen auf Ruf gelehrt wird: Zweiter Teil.**
Wiederhole die vorige Übung, nur laß den Hund jetzt nicht nur kommen, sondern sich vor dir setzen, dich gerade anschauend. Dies läßt sich erreichen, indem du ihn an die gleiche Stelle heransteuerst wie zuvor, doch dann, anstatt ihn zu loben, mit dem Befehl „Sitz" die Leine emporziehst und das Sichtzeichen mit dem erhobenen Zeigefinger gibst, ergänzt, wenn notwendig, durch das Tippen auf die Kruppe. Halte ihn einen Augenblick im Sitz fest, dann gib ihn frei und lob ihn.

Es wäre ein psychologischer Fehler, das Sitzen zu früh von ihm zu verlangen; es würde sein Verlangen, schnell zu dir zu kommen, abkühlen. Erst wenn er versteht, was „Komm" bedeutet, dürfen wir die Übung mit „Sitz" abschließen, einer Leistung also, die ihm bereits geläufig ist. Neu ist daran nur, daß sie dir gegenüber erfolgt, nicht wie bisher an deiner linken Seite.

*Handhabung der Leine.* Beim Einsammeln zieh die Leine straff, bis du sie über dem Hund emporhältst, genau so wie bei der Übung „Sitz – Bleib da" (s. S. 113).

*Sichtzeichen.* Der erhobene Zeigefinger ist hier besonders wirksam, weil der Hund dir gegenüber ist. Wenn er zu deiner Hand emporschaut, ist er unwillkürlich zum Niedersitzen bereit.

**Korrekturen**
*Der Hund will nicht sitzen.* Tippe ihn auf die Kruppe, indem du dich leicht über ihn beugst. Achte darauf, daß du selbst die Füße nicht bewegst, wenn du „Sitz" befiehlst.

*Der Hund kommt nicht nah genug heran.* Das bedeutet, daß du es ihm im ersten Abschnitt nicht richtig beigebracht hast. Hol es jetzt nach. Du erreichst es, indem du zurücktrittst und ihn mit einem neuen Ruck an der Leine und einem Schlag gegen dein Knie direkt vor dich bringst. Hierauf mußt du bestehen.

Beginn mit dem dritten Abschnitt erst, wenn der Hund schnell und geraden Weges kommt, ohne gezerrt zu werden, und sich ohne eine andere Mahnung als Hör- und Sichtzeichen vor dir niedersetzt.

**Wie das Herankommen auf Ruf gelehrt wird: Dritter Teil.** Je nachdem, ob du auf einem sicher umfriedeten Platz oder auf freiem Feld die Übung abhältst, wirst du jetzt das Herankommen auf Ruf ohne Leine oder an der langen Schnur einüben.

*Ohne Leine* wird nur geübt, wenn man auf einem umzäunten Platz oder in einem geschlossenen Raum arbeiten kann. Sehr wahrscheinlich wird dein Hund von der plötzlich gewährten Freiheit Gebrauch machen und ausbrechen, wenn du ihn rufst. Geschieht dies auf freiem Feld, so wird es eine ganze Weile dauern, bis du seiner wieder habhaft wirst. Da er niemals bestraft werden darf, wenn er sich schließlich einfindet oder eingefangen wird, kann ein solcher Vorfall leicht alle bisherigen Erziehungserfolge in Frage stellen. Verzichte also auf die Leine nur, wenn der Hund dir nicht entwischen kann.

Wiederhole die bisherige Übung, doch nimm beim Hörzeichen „Bleib da" die Leine so unauffällig wie möglich ab und behalte sie zusammengerollt in der Hand. Wenn du den richtigen Zeitpunkt gewählt hast und die Folgsamkeit des Hundes nicht mehr vom Ruck an der Leine abhängt, kommt er jetzt, sobald du das Hörzeichen gibst. Schließ die Übung mit „Sitz" ab, warte einen Augenblick, dann lob ihn.

Geh die Übung nochmals durch, doch entferne dich diesmal doppelt so weit rückwärts. Steigere die Entfernung auf diese Weise von Mal zu Mal, bis du ihn aus etwa 30 m Abstand heranrufen kannst.

*Übung an der langen Schnur.* Die Schnur ist unbedingt notwendig, wenn du mit dem Hund auf freiem Feld arbeitest. Die Handhabung der Schnur oder der Langleine ist für den Neuling nicht ganz einfach. Es erfordert ziemliche Geschicklichkeit, 3, 6 oder 10 m Schnur sehr rasch einzusammeln, ohne sich selbst oder den Hund hineinzuverwickeln. Zunächst wirst du dich und den Hund an die lange Schnur gewöhnen müssen, ehe du sie für das „Herankommen auf Ruf" gebrauchen kannst.

Lerne also, wie sie ab- und aufzuwickeln ist. Befestige sie dann am Halsband des Hundes und verwende sie wie die regelrechte kurze Leine. Rolle sie aus, während er umherwandert und sich seines Lebens freut. Anfangs mag er ein wenig widerstreben oder sogar ängstlich sein; spiel mit ihm und mach es ihm so behaglich, daß er nicht mehr an die Leine denkt. Laß auf diese Weise einige Tage vergehen, ehe du ihn das „Herankommen auf Ruf" lehrst.

*Wie die Schnur zu benutzen ist.* Gib dem Hund die Befehle „Sitz" und „Bleib da". Halte dich an das bisherige Verfahren; nur ist jetzt am Halsband die Schnur befestigt und nicht die übliche Leine. Entferne dich in der gewohnten Weise, indem du die Schnur sorgfältig ablaufen läßt. In einem Abstand von ungefähr 3 m bleibst du vor dem Hund stehen, wobei die Schnur so locker zu halten ist, daß sie den Boden berührt. Es darf kein Zug auf den Hund ausgeübt werden.

Ruf ihn jetzt mit Hör- und Sichtzeichen heran, versetz der Schnur einen ganz kleinen Ruck und sammle sie vor dem herankommenden Hund ein. Achte darauf, daß du ihn nicht in die Schnur verwickelst, das würde ihm möglicherweise die ganze Übung verleiden.

Jetzt bring ihn dazu, daß er sich vor dir setzt, unter Umständen, indem du die Schnur nach oben ziehst. Warte noch einen Augenblick, dann streichle ihn und gib ihn frei.

Steigere den Abstand zwischen dir und ihm allmählich bis auf 10 m. Kommt er jedesmal auf Ruf zuverlässig heran, so kannst du die Schnur abnehmen und so mit ihm üben.

**Letzter Schliff beim Herankommen auf Ruf.** Wenn der Hund das „Komm" aus dem Sitz erlernt hat, geh die gleiche Übung aus der Stellung „Platz – Bleib da" mit ihm durch. Vergewissere dich gleich zu Anfang, ob er etwa im Zweifel ist, was er zu tun hat, ob er bleiben oder ob er kommen soll, und wie rasch er diesen Zweifel überwindet. Ruf ihn mit heiterer, heller Stimme, schlag gegen dein Knie und überrede ihn herzlich, wenn er zaudert. Als nächstes wird er herangerufen, wenn er herumtollt oder mit andern Hunden spielt. Ruf ihn häufig im Haus und außerhalb des Hauses, sooft sich eine Gelegenheit bietet, und lob ihn jedesmal, wenn er gehorcht. Du mußt sichergehen, daß er stets zu dir kommt, pfeilgeschwind und ohne das geringste Zaudern.

**Korrekturen**

*Der Hund ahnt, was geschehen wird, und kommt, bevor man ihn ruft.* Der Hund hat bis zu deinem Befehl sitzenzubleiben, sonst weißt du niemals genau, ob er kommt, weil er will, oder weil er deinem Befehl gehorcht. Wenn du seine Absicht, aufzustehen und zu dir zu kommen, rechtzeitig wahrnimmst, halt ihn durch ein scharf gegebenes „Bleib da" zurück. Ein Sichtzeichen zu benutzen, ist nicht ratsam. Aus der Entfernung ist die Hand nicht deutlich genug sichtbar, um die Aufmerksamkeit des Hundes zu erregen. Außerdem würde die erhobene Hand für ihn „Platz" bedeuten.

Kannst du ihn nicht zurückhalten, so geh ihm entgegen, tadle ihn mit einem lauten „Pfui"; führ ihn zu seiner Ausgangsstelle zurück, befiehl „Sitz" und entferne dich nochmals von ihm, doch diesmal nur halb so weit. Wende dich ihm voll zu, wiederhole streng das Hörzeichen „Bleib da" und stell ihn auf die Probe, indem du ein paar Schritte nach rechts und nach links gehst; erst dann tritt ihm gegenüber und erteil ihm nun den Befehl: „Tyras – komm". Auf diese Weise wird ihm klargemacht, daß er den Befehl abwarten muß, ehe er zu dir kommen darf.

Sollte die Korrektur auf Schwierigkeiten stoßen, dann kehr zur Leine oder zur Schnur zurück, bis ihm die Übung in Fleisch und Blut übergegangen ist.

Häufig kommt der Hund vorzeitig heran, weil der Führer, wenn er die gewünschte Entfernung erreicht hat, schon bei der Wendung zum Hund hin den Befehl „Komm" gibt. Dadurch glaubt der Hund, daß die Drehung das Sichtzeichen zum Kommen ist. Stell dich also dem Hund erst ein paar Augenblicke gegenüber, ehe du das entsprechende Hörzeichen gibst.

*Der Hund weigert sich, zu kommen.* Leg ihn wieder an die Leine oder an die Schnur und gib ihr beim Hörzeichen „Komm" einen kurzen, scharfen Ruck. Sollte er an der Leine gehorchen, abgeleint jedoch nicht, so muß er angeleint werden. Ruf ihn nur ein einziges Mal, dreh dich dann um und entferne dich von ihm. Kommt er dir nach, so beug dich zu ihm nieder und spar nicht mit Lob. Freundliches Zureden, häufiges Schlagen ans Knie und ein sehr einladend und anfeuernd gerufenes „K-o-m-m" sind Überredungsmittel, die bestimmt zum Ziel führen.

*Der Hund kommt nur langsam heran.* Leg ihn wieder an die Leine und besteh darauf, daß er sich beeilt. Wenn du die Leine dann abnimmst, tritt ein paar Schritte zurück, schlag an dein Knie und feure ihn an, geschwinder zu sein. Manche Hunde kommen schneller, wenn man sie aus kurzem Abstand heranruft, andere, wenn man weiter weg ist. Ein Kniff, der selten fehlschlägt, besteht darin, den Ausgang als Richtungsziel für das Herankommen zu wählen. Man geht, wenn man den Hund verläßt, auf den Ausgang zu, worauf er, da er es mit der Angst bekommt, daß er seinem Schicksal überlassen werden soll, herangeprescht kommt.

*Der Hund schnellt an dir vorbei.* Hunde von ungestümem Temperament übertreiben oft die Geschwindigkeit beim Herankommen und schießen am Führer vorbei. In solchen Fällen ist die Neigung dazu nicht früh genug unterdrückt worden. Es bleibt nichts anderes übrig, als zur langen Schnur zurückzukehren. Manchmal hemmen auch ein

scharfes „Sitz" und der rechtzeitig erhobene Zeigefinger den heran-
stürmenden Hund, der sich dann an den Abschluß der Übung erinnert und sein Tempo mäßigt.

*Der Hund bricht aus.* Dies ist eine sehr ärgerliche Angewohnheit
mancher Hunde. Sie führen sich brav auf, bis man sie ruft, dann laufen
sie, statt heranzukommen, in die entgegengesetzte Richtung, um-
kreisen ihren Herrn und laden ihn auf jede Weise ein, mit ihnen zu
tollen. Was ist zu tun? Unsere erste Regel sei: Wir rennen niemals hinter dem Hund her. Bleib also, wo du bist, knie oder hock dich nieder
und ruf ihn mit freundlicher Stimme zu dir. Wenn er merkt, daß du
nicht aufgelegt bist, Fangen mit ihm zu spielen, kommt er vielleicht
von selbst, zumal wenn deine Haltung freundlich und einladend ist,
so daß er keine Strafandrohung herausfühlt. Ist er dann endlich gekommen, so streichle und lob ihn, während du deinen Ärger hinunter-
schluckst. Er darf keinesfalls bestraft werden, sonst bleibt er das
nächstemal ganz weg (vergl. Tafel 20).

Du kannst ihm auch den Rücken zukehren und in der entgegengesetzten Richtung fortgehen; das wird ihn wahrscheinlich rasch an
deine Seite bringen. Wiederum darf keine Bestrafung erfolgen. Sehr
gute Dienste tun zuweilen ein paar Hundekuchen, die du vorsorglich
in der Tasche trägst. Setz dich ruhig und spiel mit den Hundekuchen.
Der Hund wird aufmerksam, unterbricht sein Herumtollen und
kommt, um einen Leckerbissen in Empfang zu nehmen. Ein letzter
Ausweg ist die schon erwähnte Wurfkette; ein Kettenhalsband erfüllt den gleichen Zweck. Wenn der Hund fortfährt, dem Befehl
„Komm" nicht zu gehorchen, warte bei seinem Herumtollen einen
günstigen Augenblick ab und schleudere ihm die Kette gegen die
Rippen oder die Keulen. Da der Hund des festen Glaubens ist, außerhalb deiner Reichweite zu sein, wird er höchst verblüfft sein und sofort
herankommen. Selbstverständlich mußt du ihn dann an die Leine
legen und noch einmal alle früheren Abschnitte mit ihm durchgehen,
bis er so zuverlässig geworden ist, daß er abgeleint auf die Probe gestellt werden kann.

Sind andere Personen zugegen und rennt der Hund lieber zu ihnen
als zu dir, so sorge dafür, daß sie ihm keine Aufmerksamkeit schenken, sondern ihn, wenn möglich, verscheuchen. Ruf ihn mit freundlicher Stimme zu dir. Er wird kommen, wenn er sich müde getollt
hat. Bedenke, daß es immerhin vorzuziehen ist, diese Mühsal auf dem

Übungsplatz auf sich zu nehmen, wo man den Hund unter Kontrolle hat, als auf der Straße im dichtesten Verkehr.

*

Nun hast du deinem Hund die vier Gehorsamsleistungen beigebracht, die den Grundstein jeder Erziehung bilden. Nach vier bis sechs Wochen täglicher Übung wird dein Hund das Niedersetzen erlernt haben, das Folgen bei Fuß an der Leine, das „Sitz – Bleib da", das „Platz – Bleib da" und das „Herankommen auf Ruf". Er ist nun kein Anfänger mehr und tritt mit der nächsten – der fünften – Übung in die Klasse der Fortgeschrittenen ein.

## 11. Fünfter Lehrgang

Dieser Lehrgang umfaßt zwei Übungen: „Komm – Fuß" (Abschlußübung) und „Steh – Bleib da". Beide gehören zu den Leistungsprüfungen, sind aber für den Hundebesitzer im allgemeinen nur von geringer Bedeutung.

### „Komm – Fuß" (Abschlußübung. Vergl. Tafel 14)

Begriffsbestimmung: Auf das Hörzeichen „Fuß" begibt sich der Hund von der sitzenden Stellung dem Führer gegenüber an dessen linke Seite, indem er entweder hinten um ihn herumgeht oder sich um sich selbst dreht.

Im täglichen Leben wird es sich nicht oft ereignen, daß der Hund uns gegenübersitzt und durch das Hörzeichen „Fuß" an die linke Seite befohlen wird. Dies geschieht nur bei den Leistungsprüfungen, wo Übungen wie Herankommen auf Ruf, Sprünge und Apportieren damit enden, daß der Hund dem Führer gegenübersitzt. Als Abschluß wird ihm dann „Fuß" befohlen, weil die Prüfungsregeln es so verlangen.

**Wie der Abschluß gelehrt wird: Erstes Verfahren.** Befiehl dem Hund „Sitz" und „Bleib da" und stell dich ihm gegenüber auf, nicht mehr als einen halben Meter von ihm entfernt. Halte die Leine mit einem Überhang von 50 cm in der rechten Hand. Gib das Hörzeichen „Tyras – Fuß" und schlag als Sichtzeichen an dein linkes Bein. Tritt gleichzeitig mit dem rechten Fuß einen Schritt zurück, doch ohne den linken zu bewegen, und lenk den Hund sanft am rechten Fuß entlang und im Halbkreis um deinen Rücken herum. Dabei übernimmt hinter dem Rücken die linke Hand die Leine aus der rechten, und während du nun den rechten Fuß in seine ursprüngliche Stellung nach vorn zurücksetzt, führt die linke Hand den Hund mittels der Leine auf seinen gewohnten Platz an deiner linken Seite. Hat er ihn erreicht, so gibst du das Hörzeichen „Sitz".

*Stellung.* Der Hund weiß zwar, daß der Befehl „Fuß" ihn an deine linke Seite beordert, jedoch nicht, wie er aus der Stellung dir gegenüber dorthin gelangen soll. Die Bewegung deines Körpers und die Handhabung der Leine müssen ihm den Weg weisen.

Der Schritt nach hinten schwingt deinen Körper rückwärts und dies, zusammen mit einem sanften Ruck an der Leine, fordert den Hund auf, seine Bewegung derjenigen deines rechten Fußes anzupassen. Der linke Fuß muß aber stehenbleiben, weil er ja das Ziel des Hundes ist. In dem Augenblick, wo sich der Hund auf gleicher Höhe mit deinem zurücktretenden rechten Fuß befindet, setz rasch den rechten Fuß wieder neben den linken. Der Hund befindet sich jetzt hinter dir. Greif mit der linken Hand hinter dich, übernimm die Leine aus der rechten Hand und bring den Hund unter Wiederholung des Hörzeichens „Fuß" an seinen gewohnten Platz an deiner linken Seite.

Der schwierige Teil ist die Lenkung des Hundes um deinen rechten Fuß herum hinter dich. Ist er erst dort, so befindet er sich in der gleichen Stellung wie bei der Kehrtschwenkung, die ihm durch das „Folgen bei Fuß" vertraut ist.

*Handhabung der Leine.* Beachte, daß der Hund um dich herum *gelenkt* wird, und nicht geschnellt, gezerrt oder geschleift werden darf. Wenn du für diese Übung den richtigen Zeitpunkt in seiner Ausbildung gewählt hast, genügt ein sehr leichter Ruck an der Leine, damit er sich an deinem zurücktretenden rechten Fuß entlang bewegt.

Es klingt schwieriger, als es ist, die Leine aus der rechten Hand in die linke zu übernehmen. Versuch es einige Male für dich allein, ehe du mit dem Hund zu üben beginnst.

**Wie der Abschluß gelehrt wird: Zweites Verfahren.** Anstatt hinten um dich herumzugehen, kann der Hund auch durch Drehung um sich selbst die befohlene Stelle erreichen. Lehre es auf folgende Weise: Der Hund sitzt in 50 cm Abstand vor dir. Halte die Leine in beiden

Händen wie zum „Folgen bei Fuß", mit der linken Hand steuernd. Gewähre noch etwas mehr Überhang als gewöhnlich, mindestens 1 m. Gib den Befehl „Tyras – Fuß", tritt zwei ganze Schritte zurück, laß die linke Hand an der Leine entlang bis zum Halsband gleiten und steure den Hund an deine linke Seite. Nun mach die gleiche Bewegung in umgekehrter Richtung, indem du zwei Schritte nach vorn tust und den Hund in eine Kehrtwendung drehst, so daß er in die gleiche Richtung blickt wie du. Die beiden Schritte nach vorn, ein leichter Ruck an der Leine und das Hörzeichen „Fuß" werden ihn dicht an dein linkes Bein heranbringen. Nun bleib stehen und gib das Hörzeichen „Sitz". Vollzieh die ganze Übung in einer einzigen fließenden Bewegung; schalte keine Pausen ein.

*Stellung.* Durch dein Zurückschreiten zwingst du den Hund, dir zu folgen, bis er sich in gleicher Höhe mit demjenigen Fuß befindet, der weiter zurück ist. Indem du die Richtung umkehrst und vorwärts schreitest, zwingst du ihn von neuem, dir zu folgen; doch jetzt geht er in der gleichen Richtung wie du, bereit, sich an deiner linken Seite niederzusetzen, sobald du stehenbleibst, unter den gleichen Umständen also wie beim „Halt", das er bereits aus den „Bei-Fuß"-Übungen kennt.

*Handhabung der Leine.* Gestatte der Leine einen Überhang von mindestens 1 m und achte darauf, daß du den Hund nicht herumschwenkst. Er soll sich aus eigenem Antrieb bewegen, nicht unter grobem Zwang. Dadurch, daß deine linke Hand an der Leine entlang gleitet, während du rückwärts schreitest und die Richtung wechselst, bringst du ihn dazu, sich dir entgegen zu drehen und in deiner Richtung weiterzugehen. Straff die Leine für das Befehlszeichen „Sitz" unter Umständen leicht nach oben.

*Sichtzeichen.* Es besteht aus einem Schlag an dein linkes Bein im Augenblick, wo du rückwärts zu schreiten beginnst, beim Vorwärtsschreiten, wenn erforderlich, wiederholt. Die linke Hand hat die Leine zu handhaben und das Sichtzeichen zu geben.

**Letzter Schliff der Abschlußübung.** Ob du deinen Hund auf die eine oder die andere Weise auf „Fuß" herankommen läßt, du hast ihm durch die Bewegung deines Körpers geholfen und ihn mit der Leine gesteuert. Sobald er den Kern der Übung erfaßt hat, muß jede Hilfe unterbleiben, bis du dich selbst ganz still verhalten kannst, während er ohne Lenkung und Leine auf „Fuß" herankommt.

Wenn du den Abschluß nach einem Herankommen auf Ruf wünschst, warte zwei bis drei Sekunden, nachdem sich der Hund vor dir gesetzt hat, ehe du „Fuß" befiehlst. Gibst du den Befehl zu schnell, so wird der Hund das „Sitz" bald ganz auslassen und sofort an deine linke Seite herankommen.

### „Steh – Bleib da" (vergl. die Tafeln 15 und 21)

Begriffbestimmung: Der Hund wird durch Hör- und Sichtzeichen „Steh" mitten im „Folgen bei Fuß" zum Halten gebracht; er erhält dann den Befehl „Bleib da" und hat stehenzubleiben, ohne ein Glied zu rühren, während der Führer sich bis zum Ende der Leine entfernt und sich dann dem Hund zuwendet. In dieser Stellung muß der Hund einer dritten Person erlauben, ihn zu berühren und zu untersuchen. Zum Abschluß kehrt der Führer nach ungefähr 30 Sekunden zum Hund zurück, den er umkreist, bis der Hund an seiner linken Seite steht.

Wie „Komm – Fuß" hat auch „Steh – Bleib da" im täglichen Leben nur geringen praktischen Wert, abgesehen davon, daß es dadurch leichter ist, den Hund zu kämmen und zu bürsten, seine Temperatur zu messen und ihn dem Tierarzt vorzuführen. Die Übung spielt jejedoch im Schauring eine wichtige Rolle, wenn der Hund dem Preisrichter vorgeführt wird, der ihn untersucht, und sie ist Pflichtübung bei allen Leistungsprüfungen. Ich empfehle, sie mit dem Hund durchzugehen, auch wenn man, wie die Mehrheit der Hundebesitzer, kein Freund von Schaustellungen und Wettbewerben ist; denn die Übung hat das Gute, daß sie die Herrschaft über den Hund abrundet.

Wie „Steh – Bleib da" gelehrt wird. Beginn mit dem „Folgen bei Fuß". Laß die Leine mit der linken Hand los und halte sie nur noch locker in der rechten. Gib das Hörzeichen „Steh"; eile einen Schritt voraus und stell dich dem Hund in den Weg, um ihn mit dem Sichtzeichen zum Halten zu bringen. Das Sichtzeichen ist eine scharfe waagerechte Bewegung der offenen linken Hand in Richtung seines Kopfes, unter Umständen sogar bis zur sanften Berührung seiner Nase oder seiner Brust. Aus einer Entfernung von etwa 1 m, mit dem Gesicht stets zum Hund, gibt man das Hörzeichen „Bleib da" und das dazu gehörige Sichtzeichen, die offene, zum „Halt" ausgestreckte Hand.

135

Nach etwa 20 Sekunden tritt der Führer an die Seite des Hundes zurück, wiederholt „Bleib da“, wartet einen Augenblick, während der Hund zu stehen hat, und gibt ihn dann mit einem Lobspruch frei.

*Hörzeichen.* Das Hörzeichen ist deutlich unterteilt. Es umfaßt das „Steh“, laut und scharf gesprochen, das den Hund zum Stehenbleiben bringen soll, und das gedehnt gesprochene „Bleib – da“, mit dem er aufgefordert wird, in seiner Stellung zu verharren.

*Sichtzeichen.* Dies ist mehr als ein Zeichen; es ist eine Bewegung, die das Vorwärtsschreiten des Hundes unterbrechen soll, und kann sogar die sanfte Berührung der Nase (was wenigen Hunden angenehm ist) oder der Brust einschließen.

*Stellung.* Der Hauptkniff besteht darin, schneller zu sein als der Hund und ihm in den Weg zu treten. Damit verfolgt man einen doppelten Zweck: Erstens hält man den Hund an, zweitens verhindert man ihn, sich zu setzen. Wenn man versuchen würde, ihn zum Halt zu bringen, während man Seite an Seite mit ihm geht, würde er sich setzen, da ihm dies bei jedem bisherigen Halt eingeschärft worden ist. Du mußt ihm deshalb unweigerlich einen Schritt voraneilen und dich ihm zudrehen, während du ihm das „Steh“-Sichtzeichen gibst. Schreite nur dann bis zum Ende der Leine, wenn er wirklich steht; dann dreh dich ihm zu, die Leine locker in der Hand.

Einigen Führern widerstrebt es, das Sichtzeichen mit der linken Hand zu geben. Es spricht nichts dagegen, die Leine in die linke Hand zu nehmen und das Sichtzeichen mit der rechten zu geben, wenn man den Hund wirklich zum Stehen gebracht hat und sich ihm gegenüber befindet.

*Rückkehr zum Hund.* Geh zuerst nicht um ihn herum, sondern tritt nur an seine Seite. Er wird sich vielleicht niedersetzen wollen, wenn du diese Stellung erreicht hast, weil er gelehrt worden ist, sich neben dich zu setzen. Wiederhole also das Hörzeichen „Bleib da“, wenn du zum Hund zurückkehrst, und halte die linke Hand bereit, sie ihm unter den Bauch oder auf die Lende zu legen, falls er sich niedersetzen will.

*Handhabung der Leine.* Bei dieser Übung hat die Leine nur geringen Wert. Ziehst du sie an dich heran, so folgt der Hund; ziehst du sie nach oben, so setzt er sich. Halte sie die ganze Zeit locker und gebrauch sie nur zur Korrektur, wenn er sich niedersetzt, wie noch zu erläutern ist.

## Korrekturen

*Der Hund bleibt nicht stehen.* Wenn Hör- und Sichtzeichen und auch das Abschneiden des Weges versagen, kannst du den Hund doch zum Stehen bringen, indem du die linke Hand unter seinen Bauch nahe beim linken Hinterbein legst, während du mit der rechten Hand, die auch die Leine führt, das Halt-Zeichen gibst. Wenn nötig, leg die linke Hand unter seinen Bauch, die rechte an seine Brust und entferne dich erst, wenn er fest steht.

*Der Hund setzt sich.* Die obigen Handgriffe werden ihn verhindern, sich zu setzen, solange du an seiner Seite bist. Setzt er sich, wenn du dich entfernst oder ihm gegenüberstehst, so tadle ihn mit einem scharfen „Pfui", zieh leicht an der Leine, um ihn zum Aufstehen zu bringen, und mach einen neuen Versuch. Achte darauf, daß du das Sichtzeichen richtig gibst. Wenn du die Hand in falscher Richtung ausstreckst, wird er das Zeichen mißdeuten.

*Der Hund geht dir entgegen.* Zieh nicht an der Leine; dies würde ihn nur veranlassen, sich zu setzen. Wiederhole Sicht- und Hörzeichen scharf und schreite nur zurück, wenn er ganz fest steht.

**Letzter Schliff der Übung „Steh – Bleib da".** Sobald der Hund die Übung gut beherrscht, gib ihr den letzten Schliff. Kehre wie nach „Sitz – bleib da" und „Platz – Bleib da" zu ihm zurück, indem du ihn umkreist. Stell ihn nun auf die Probe. Bevor du zu ihm zurückkehrst, berühre ihn sanft an Kopf, Ohren und Hals. Bleibt er stehen, so berühre den Rücken und die Beine, indem du die Hand sanft über die ganze Länge seines Rückens gleiten läßt und auch auf den Rücken drückst, um seine Festigkeit beim Stehen zu erproben. Anfangs wirst du dabei das Hörzeichen „Steh" wiederholen müssen; aber bald wird er keine Reaktion mehr zeigen. Dann bitte eine andere Person, ihn auf die Probe zu stellen, während du ihm gegenüberstehst.

## 12. Sechster Lehrgang

### Folgen bei Fuß ohne Leine: „Frei bei Fuß"
(vergl. Tafel 16)

Begriffsbestimmung: Auf den Befehl „Fuß" folgt der leinenfreie Hund dem Führer, indem er sich dicht an seiner linken Seite hält und jeden Richtungs- und Geschwindigkeitswechsel mitmacht. Wenn der Führer stehenbleibt, setzt sich der Hund ohne Hörzeichen an dessen linker Seite nieder.

Ob du deinem Hund „Frei bei Fuß" beibringen möchtest, ist eine Frage, die du allein zu entscheiden hast. In einer Großstadt, wo der Hund wenig Gelegenheit hat, sich frei zu bewegen, mag diese Übung von geringem praktischem Wert sein. An Orten, wo kein Leinenzwang für Hunde besteht, ist es von großem Vorteil, dem Hund „Frei bei Fuß" beizubringen. Aber auch der Städter kann Nutzen daraus ziehen, wenn er sich am Wochenende oder während der Ferien auf dem Lande aufhält. Überdies handelt es sich hierbei nicht um eine Leistung, die eine besondere Ausbildung erfordert. Im Gegenteil! Wenn du deinen Hund dazu erzogen hast, korrekt bei Fuß an der Leine zu gehen, wird das „Frei bei Fuß" eine Art Zinsgenuß des bisher angelegten Kapitals der Mühe und Arbeit sein.

Es gibt nur eine Grundregel für die Belehrung des „Frei bei Fuß": Verzichte darauf, solange der Hund nicht absolut zuverlässig an der Leine ist. Wenn er noch Hilfe benötigt, sei es durch die Leine, sei es durch Zureden, durch Sichtzeichen beim Wenden oder durch Unterstützung beim „Sitz", ist er noch nicht reif dafür, frei bei Fuß zu folgen. Beginn mit diesem Lehrgang nur dann, wenn er sich an der Leine dicht an deiner Seite hält, ohne einer Korrektur zu bedürfen, und wenn er sich automatisch setzt, sobald du haltmachst.

*Erste Phase.* Die erste Phase ist eine vortreffliche Probe für die Bereitschaft deines Hundes. Beginn mit der regelrechten Fuß-Übung an der Leine, aber halte die Leine nur in der rechten Hand, während du die linke frei hinabhängen läßt oder auf den Rücken legst.

Fang mit der Ausgangsstellung an. Gib keine Hilfe außer dem Hörzeichen „Fuß", geh geradeaus, schwenke nach links, schwenke nach rechts, mach eine volle Kehrtwendung und bleib dann stehen. Wenn die Leine die ganze Zeit locker und schlaff in deiner rechten Hand geruht hat, ist der Hund an dem Punkt angelangt, wo er frei bei Fuß gehen kann.

*Zweite Phase.* Beginn wie zuvor mit dem angeleinten Hund. Halte die Leine sehr locker in der rechten Hand. Nimm nochmals die Fuß-Übung durch. Bleib stehen und nimm dem an deiner Seite sitzenden Hund unauffällig die Leine ab, die du mit der rechten Hand einsammelst. Dann wiederhol die ganze Fuß-Übung, doch diesmal ohne

Leine. Zeig keine Nervosität. Kümmere dich überhaupt nicht darum, ob der Hund folgt. Schreite ruhig aus. Sollte er zurückbleiben, so geh schneller, indem du das Hör- und das Sichtzeichen – den Schlag ans linke Bein – wiederholst. Wenn er zu schnell geht, verlangsame den Schritt und wiederhole Hör- und Sichtzeichen. Tu ganz so, als ob er am andern Ende der Leine wäre.

*Dein Verhalten.* Ich wiederhole: Gib dich natürlich, zeig dich in keiner Weise beunruhigt. Du hast deinen Hund erprobt, bevor er von der Leine genommen worden ist, und du weißt, daß er dir dicht zur Seite bleiben wird, ohne Hilfe oder Unterstützung. Es ist nichts Neues für ihn, abgeleint zu sein und doch deinem Befehl zu unterstehen; er war abgeleint bei „Sitz – Bleib da“, „Platz – Bleib da“ und „Herankommen auf Ruf“. Es liegt nicht der mindeste Grund dafür vor, daß er gerade jetzt ausbrechen und entwischen wird. Die meisten Hunde folgen frei bei Fuß genau so gut wie an der Leine, wenn Hör- und Sichtzeichen sowie das Verhalten des Führers gleich sind.

*Handhabung der Leine.* Die Leine ruht beim ersten Versuch zusammengerollt in deiner rechten Hand, in Bereitschaft, angelegt zu werden, wenn es notwendig ist. Schlenkere sie nicht vor den Augen des Hundes hin und her. Das könnte ihn verlocken, damit zu spielen. Später magst du sie dann in die Tasche stecken.

*Hör- und Sichtzeichen.* Benutze beide Zeichen, sooft du willst, und stets, wenn du meinst, daß der Hund sie braucht. Wiederhole besonders anfangs „Fuß“ vor jeder Wendung und „Sitz“ vor jedem Halt. Der Aufbruchsbefehl schließt selbstverständlich den Namen des Hundes ein: „Tyras – Fuß!“

**Korrekturen**

Die meisten Hunde folgen dem Befehl „Fuß“ frei ebenso gut wie an der Leine; immerhin gibt es auch solche, die eine ausgesprochene Neigung zeigen, nachlässig zu werden, sobald ihnen klar geworden ist, daß sie nicht mehr angeleint sind. Darum werden sich mitunter Korrekturen als notwendig erweisen. Aber denk daran, daß die Fehler des Hundes möglicherweise auf deine eigenen zurückzuführen sind, die du bei den Übungen mit Leine begangen hast. Wenn er zum Beispiel plump und ungeschickt einbiegt, wirst du annehmen müssen, daß dich die Probe genarrt hat, und daß er noch nicht die Fertigkeit hat, frei bei Fuß zu gehen. In diesem Fall greif wieder zur Leine und geh die ganze Übung nochmals und nochmals durch, bis du von seiner

Zuverlässigkeit felsenfest überzeugt bist. Mit dem Hund ohne Leine zu arbeiten, solange er dafür noch nicht reif ist, gehört zu den schlimmsten Fehlern, die du begehen kannst.

*Der Hund widersetzt sich dem Aufbruch.* Wenn er dies tut, zeigt er vorwurfsvoll mit der Pfote nach dir. Wahrscheinlich hast du ihm bei den Übungen mit Leine einen kleinen Ruck gegeben, und da dieser Ruck nun ausbleibt, weiß er nicht, woran er ist. Leg ihn wieder an die Leine und beobachte dich selbst gründlich dabei. Häufig zieht der Führer beim Aufbruch unwillkürlich an der Leine, und das wird zur Gewohnheit, ohne daß er es merkt. Brich also mit einer völlig locker gehaltenen Leine auf, die in der rechten Hand liegen darf, und halte die Hand ganz still. Erst wenn der Hund tadellos folgt, unverzüglich beim ersten Schritt deines linken Fußes, wird die Übung ohne Leine wiederholt. Wenn dein Hund einer nicht zu kleinen Rasse angehört, kannst du einen Finger der linken Hand in den Ring des Halsbands schieben, wo vorher die Leine angehakt war, und ihm beim Hörzeichen „Tyras – Fuß" eine kleine Ermahnung erteilen, die den Befehl unterstützt. Manchmal genügt es auch, den Kopf mit der Fingerspitze zu berühren.

*Der Hund folgt nicht nah genug bei Fuß.* Dies bedeutet nicht unbedingt, daß dem Hund die Reife fehlt. Doch wenn er sich erst einmal darüber klar geworden ist, daß du ohne die Leine kein Mittel mehr hast, an ihm zu zerren, macht er sich das Leben ein wenig gemütlicher. Kehr aber zur Leine nur zurück, wenn er sehr widerspenstig ist und dir nicht folgen will. Ist er nur nachlässig, so korrigiere ihn durch scharfe Hör- und Sichtzeichen. Du kannst ihn auch bessern, indem du dein Tempo als Erziehungsmittel gebrauchst; bleibt er zurück, so gehst du schneller; ist er zu schnell, so verlangsamst du den Schritt.

Eine andere Hilfe, besonders beim Abbiegen, kannst du ihm geben, indem du seinen Kopf oder seinen Hals leicht, fast liebkosend berührst. Ein weniger empfindlicher Hund kann auch durch einen etwas schärferen Ruck am Halsband näher herangebracht werden. Aber viele Hunde können diese zugreifende Bewegung zum Halsband nicht leiden; wenn du also seinen Unwillen bemerkst, tust du gut daran, das Halsband in Ruhe zu lassen.

Sehr nützlich ist es, schnell zu gehen und die Wendungen flüssig durchzuführen; Unentschlossenheit und Nervosität des Führers wirken hemmend auf den Hund. Handle also mit Selbstvertrauen und Entschlossenheit.

*Der Hund weigert sich, anzuhalten und sich niederzusetzen.* Wieder liegt der Fehler wahrscheinlich bei dir. Möglicherweise hast du dem Hund beim Üben mit Leine zum Sitzen verholfen, und diese Hilfe fehlt jetzt. Um diesen Fehler auszumerzen, wiederhole „Halt" und „Sitz" noch einmal an der Leine und achte genau darauf, ob du ihm nicht unwillkürlich eine Unterstützung gibst. Andernfalls ist die Übung noch einmal vorzunehmen, indem du diesmal jeden leisesten Zug an der Leine vermeidest. Setzt er sich ohne jede Hilfeleistung deinerseits richtig, wenn du stehenbleibst, so versuch es nunmehr ohne Leine.

Wenn der Hund zwar mit dir anhält und sich niedersetzt, doch nicht dicht und gerade genug, so verbessere ihn durch Hör- und Sichtzeichen, in gleicher Weise wie früher bei den Übungen „Halt" und „Sitz". Manchmal hilft es, seine Aufmerksamkeit auf das bevorstehende „Halt" zu lenken, indem man die beiden letzten Schritte vor dem Halt markiert und dann scharf und mit einem Ruck stehenbleibt, fast wie ein Soldat.

Als hilfreich erweist es sich auch, unmittelbar vor dem Halt Kopf oder Nacken des Hundes zu berühren und im Augenblick des Anhaltens das Hörzeichen „Sitz" zu geben.

## 13. Siebenter Lehrgang

### Futterverweigerung
(vergl. die Tafeln 17 und 18)

Begriffsbestimmung: Der Hund muß Futter verweigern, das ihm von einer dritten Person angeboten wird, aber auch Eßwaren, die auf dem Boden herumliegen, wo er geführt wird. Auf das Hörzeichen „Pfui" muß er auch Futter verweigern, das ihm vom Führer gereicht wird; doch auf den Befehl „Nimm's" muß er es annehmen.

Diese Belehrung des Hundes ist fast unumgänglich notwendig. Allzu häufig liegen auf den Straßen gesundheitsschädliche Abfälle, verdorbene Nahrungsmittel, Hühnerknochen und dergleichen herum. Es gibt außerdem verbrecherische Hundefeinde, die absichtlich an Stellen Giftbrocken auslegen, wo jemand mit seinem Hund vorbeizukommen pflegt. Nur wenn man seinen Hund gelehrt hat, nichts anzurühren, außer was man ihm mit dem Befehl „Nimm's" selbst reicht, kann man sich und ihn vor bitterem Leid bewahren.

Diese Übung ist in den mir bekannten Abrichtungsbüchern nicht zu finden. Sie wurde von der deutschen Polizei in die Vorschriften für Diensthundausbildung eingefügt. Der Beweggrund ist ebenso einfach wie einleuchtend: „Was nützt uns ein Hund, den jeder beliebige Fremde mit einem Stück Fleisch vergiften kann?"

Ein weiterer Vorteil der Übung besteht darin, daß ein Hund, der einmal gelernt hat, keinen Bissen ohne Erlaubnis anzunehmen, auch keine Nahrung stehlen oder erbetteln wird.

*Erste Phase.* Leg den abgeleinten Hund auf „Platz". Tritt vor ihn hin und biete ihm ein Stück Fleisch oder einen andern Leckerbissen an, der fest in der Hand zu halten ist. Beim Anbieten sagst du mit Nachdruck „Pfui". Schnappt er trotzdem danach, so legst du die andere Hand darüber, wiederholst das „Pfui" und ziehst dann langsam die schützende Hand zurück. Wenn er wieder zuschnappt, bedeckst du den Bissen von neuem. Widersteht er jetzt der Versuchung, so kannst du im Lehrpensum weitergehen. Leg den Bissen auf den Boden, direkt zwischen seine Vorderpfoten, die Hand schützend darüber, und sag „Pfui". Zieh die Hand zurück, doch halte dich bereit, die Lockspeise wieder zu bedecken, wenn der Hund danach hascht. Widersteht er auch jetzt der Versuchung, so richte dich langsam auf, wiederhole das „Pfui", umkreise den Hund, kehr dann an seine Seite zurück, nimm den Bissen auf, steck ihn ein und lob deinen Hund.

Dies geschieht mehrere Tage hintereinander, bis er gelernt hat, der Versuchung zu widerstehen. Dann gehst du zur nächsten Phase über.

*Zweite Phase.* Leg deinen Hund ab und bleib an seiner Seite stehen. Veranlasse eine andere Person, sich ihm zu nähern und ihm einen Bissen anzubieten. Sobald dem Hund die Lockspeise hingehalten wird, gib ihm durch ein nachdrückliches „Pfui" zu verstehen, daß er sie zu verweigern hat, und halte dich bereit, sie blitzschnell mit der Hand zu bedecken, falls er zum Zuschnappen ansetzt. Die Hilfsperson soll nun die Lockspeise direkt zwischen die Vorderpfoten des Hundes legen, ihn auffordern, sie zu nehmen, und sich dann wegbegeben. Warte ein paar Augenblicke, heb den Bissen auf, steck ihn in die Tasche und lob den Hund. Wiederhole die Übung, bis sie sitzt.

*Dritte Phase.* Laß durch eine Hilfsperson ein Dutzend Leckerbissen in zwei parallelen Reihen auslegen; die Stücke sollen ungefähr 2 ½ m auseinanderliegen. Wenn dir niemand zur Verfügung steht, tust du es selbst, doch ohne daß der Hund es bemerkt. Dann nimm ihn an die Leine und führ ihn bei Fuß an beiden Reihen entlang, im Zickzack hinein und hinaus, so daß jeder einzelne Leckerbissen ihn in Versuchung bringt. Sooft er an ein Stück herangeht, reiß scharf an der Leine und sag „Pfui". Wiederhole dies, bis er eisern jeder Versuchung widersteht. Dann wiederhole die gleiche Probe frei bei Fuß.

Der Hund hat jetzt gelernt, die Lockspeise nicht zu berühren. Nun müssen wir ihm klarmachen, daß er alles annehmen darf, wenn ihm mit „Nimm's" die Erlaubnis erteilt wird.

*Vierte Phase.* Laß den Hund auf „Platz" niedergehen und leg einen Bissen zwischen seine Vorderpfoten; sag „Pfui" und entferne dich auf etwa acht Meter. Beobachte ihn eine halbe Minute lang und kehr dann an seine Seite zurück. Nimm den Bissen auf, lob den Hund herzlich und biete ihm den gleichen Bissen mit dem in freundlichstem Ton gesprochenen Befehl „Nimm's" auf dem Handteller an. Wenn er zögert, ermutige und streichle ihn, bis er ihn nimmt; dann lob ihn wieder.

Manche Hunde sind so stolz auf ihre Leistung, daß sie die Übung aus eigenem Antrieb wiederholen. Mein Hund zum Beispiel, der sehr freßlustig ist, hält zuweilen mitten in der Mahlzeit inne, kommt zu mir, stößt mich mit der Schnauze an und bittet um ein neues „Nimm's". Habe ich seinen Wunsch erfüllt, so trollt er zufrieden zu seinem Napf zurück und beendet die Mahlzeit im Nu.

**Korrekturen**

*Der Hund frißt die ihm angebotene Lockspeise.* Freßlustige Hunde handeln manchmal so schnell, daß sie den Bissen geschnappt haben, ehe man es verhindern kann. Dies kommt zu Beginn des Lehrgangs sehr häufig vor. Dann straft man den Hund mit einem scharfen „Pfui", legt ihn an die Leine und drillt ihn drei Minuten lang mit einem Marsch bei Fuß. Hierauf versucht man es nochmals.

Wenn du schnell genug eingreifen kannst, ruf ein lautes „Aus", sobald er zuschnappt, klatsch in die Hände oder stampf mit dem Fuß auf. Die meisten Hunde spucken aus, was sie geschnappt haben, wenn der Führer schnell und scharf genug einschreitet.

*Der Hund richtet sich aus der „Platz"-Stellung auf.* Der Hund versucht häufig, sich so weit wie möglich von der Lockspeise zu entfernen, um der Versuchung nicht zu erliegen. Er sieht dabei sehr drollig aus – aber lach ja nicht über ihn! Es handelt sich hierbei um eine sehr ernste Übung, die ihm vielleicht eines Tages das Leben retten wird. Wenn du ihn auslachst, setzt du vielleicht alles bisher Gewonnene aufs Spiel. Wenn er liegenbleibt und sich nur ein wenig von der Lockspeise abkehrt, beachte es nicht. Nur wenn er aufsteht, mach mit ihm in freundlicher Weise eine Runde bei Fuß, laß ihn dann wieder auf „Platz" gehen und wiederhol die Übung.

*Im täglichen Leben* wehre mit „Pfui" jedes Interesse ab, das dein Hund für Abfall, Müll oder die appetitlichen Päckchen zeigt, die Fremde heimtragen; aber ruf ihm das „Pfui" auch zu, wenn er in die eigene Küche kommt und den Lebensmitteln, die nicht für seine Mahlzeiten bestimmt sind, zuviel Aufmerksamkeit zollt.

## 14. Zeittabelle

Im folgenden gebe ich die genauen Daten an, die sich bei der Ausbildung eines durchschnittlich begabten, acht Monate alten Cocker-Spaniels ergeben haben. Damit soll kein bestimmter Stundenplan aufgestellt werden; es ist nur ein Beispiel, das als Richtschnur dienen kann. Keine zwei Hunde sind einander gleich, ebensowenig zwei Erzieher; keine zwei Hunde machen genau dieselben Fortschritte. Gewöhnlich gibt es eine oder zwei Übungen, die der Hund in Minutenschnelle erfaßt, und andere, die er nur langsam in sich aufnimmt. Dein Hund mag „Platz" in zwei Minuten begreifen; aber es dauert vielleicht Wochen, bis er richtig auf Ruf herankommt. Der Hund deines Nachbarn lernt den Heranruf in zwei Minuten, hat aber Schwierigkeiten mit „Platz". Die folgenden Daten geben also nur ein ungefähres Bild davon, wieviel Zeit die Lehrgänge beanspruchen.

| | | |
|---|---|---|
| „Sitz" . . . . . . . . . . . . . | 3 Tage | |
| „Folgen bei Fuß" an der Leine . . | 5 Tage | (Abrundung 21 Tage) |
| „Sitz – Bleib da" . . . . . . . | 3 Tage | (Abrundung 11 Tage) |
| „Platz" . . . . . . . . . . . | 1 Tag | |
| „Platz – Bleib da" . . . . . . . | 1 Tag | (Abrundung 6 Tage) |
| Herankommen auf Ruf . . . . . . | 3 Tage | (Abrundung 8 Tage) |
| „Komm – Fuß" . . . . . . . . | 3 Tage | (Abrundung 7 Tage) |
| „Steh – Bleib da" . . . . . . . | 5 Tage | (Abrundung 4 Tage) |
| „Frei bei Fuß" . . . . . . . . | 4 Tage | (Abrundung 10 Tage) |
| Futterverweigerung . . . . . . . | 1 Tag | (Abrundung 3 Tage) |

**1 Die Belehrung des Welpen**

1, 2, 3 Leinenführigkeit 4 «Komm!», abgeleint

## 2 Die Belehrung des Welpen (Fortsetzung)

1 «Komm!», angeleint   2 «Sitz!»   3 Folgen ohne Leine   4 «Bleib da!»

**3   Wie das Würgehalsband angelegt wird**

1 Man läßt die Kette durch einen der Ringe gleiten   2 und 3 Der «tote» und der «tätige» Ring
4 Richtig   5 Falsch

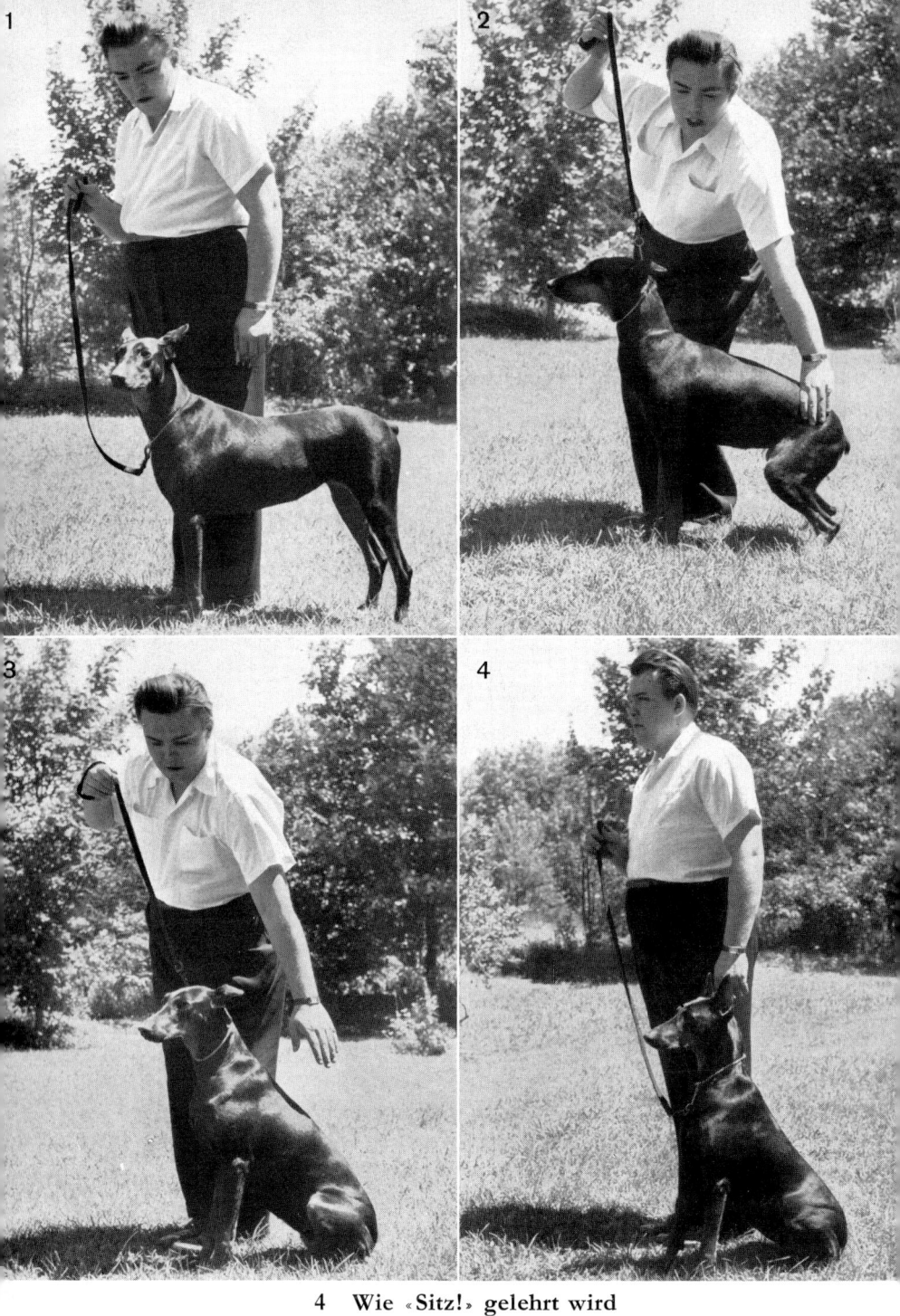

**4   Wie «Sitz!» gelehrt wird**

1 Ausgangsstellung   2 Die Leine wird straffgezogen und der Hund hinten niedergedrückt
3 Die Hand wird gehoben   4 Die Leine wird gelockert

**5  Folgen bei Fuß an der Leine**

1 Ausgangsstellung  2 Aufbruch  3 Geradeaus  4 und 5 Im Begriff zu wenden

**6  Folgen bei Fuß an der Leine (Fortsetzung)**

1 Überreden zur Kehrtwendung  2 Aufbruch nach der Wendung  3 Schwenkung links
4 Halt!  5 Der Hund darf den Lehrer nie ziehen

**7 Wie «Sitz — Bleib da!» gelehrt wird**

1 Ausgangsstellung  2, 3, 4 Erste Phase  5 Zweite Phase

**8   Wie «Sitz — Bleib da!» gelehrt wird (Fortsetzung)**
1 Dritte Phase   2, 3, 4 Vierte Phase

**9  Wie «Platz!» gelehrt wird**

1 Ausgangsstellung   2, 3, 4 Überreden zum Niederlegen   5 Wie man den Hund niederhält

**10   Wie «Platz!» gelehrt wird (Fortsetzung)**

1, 2, 3 Das Niederlegen wird erzwungen   4 und 5 Die vollkommene Ausführung des
Kommandos «Platz!»

## 11   Wie «Platz — Bleib da!» gelehrt wird

1, 2 Erste Phase   3, 4, 5 Zweite und dritte Phase   6 Verwendung der langen Schnur

**12   Wie «Komm!» gelehrt wird**
1, 2, 3 Erste Phase   4 Zweite Phase

**13  Wie «Komm!» gelehrt wird (Fortsetzung)**
1, 2, 3, 4 Dritte Phase   5 Verwendung der langen Schnur

**14 Wie «Komm — Fuß!» gelehrt wird**

1, 2, 3, 4 Erstes Verfahren: Der Hund kreist hinter dem Lehrer   5, 6, 7, 8 Zweites Verfahren:
Der Hund schwenkt an die linke Seite des Lehrers

**15 Wie «Steh — Bleib da!» gelehrt wird**

1 Der Hund wird zum Halten gebracht   2 Der Lehrer stellt sich ihm gegenüber
3 Der Hund wird auf die Probe gestellt   4 Hilfeleistung beim Stehen

## 16 Folgen frei bei Fuß

1, 2, 3 Erste Phase: Probe an lockerer Leine   4, 5, 6 Zweite Phase
7, 8, 9 Beim Wenden wird der zurückbleibende Hund herangelockt

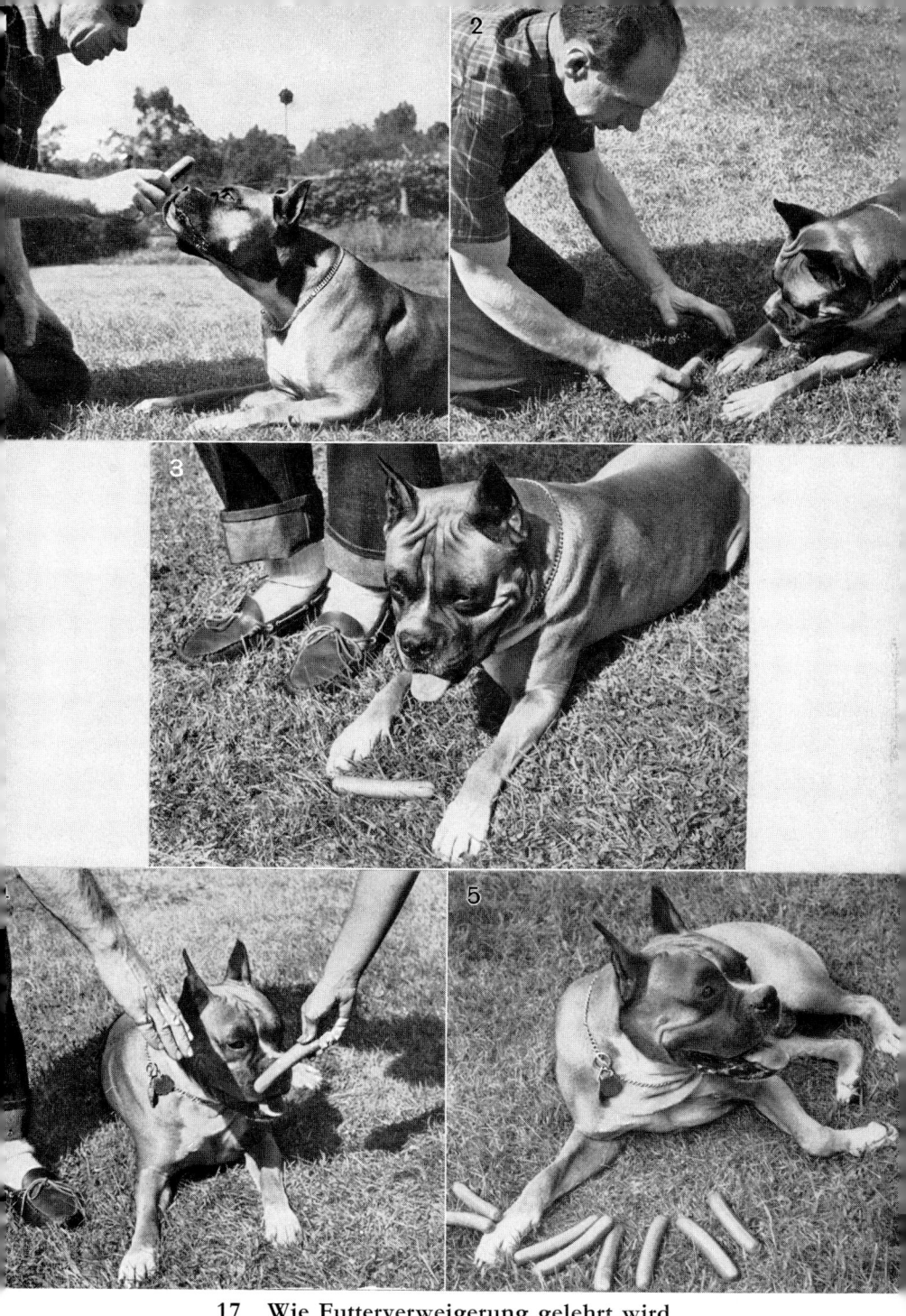

**17  Wie Futterverweigerung gelehrt wird**

1, 2, 3 Erste Phase   4 und 5 Zweite Phase

**18  Wie Futterverweigerung gelehrt wird (Fortsetzung)**
1, 2 Dritte Phase   3 Nimm's!   4, 5 Aus!

## 19   Korrekturen und Lob

1, 2 Wie man das Spielen mit der Leine verhindert   3, 4 Lob – richtig und falsch

## 20   Korrekturen

1, 2 Lauf dem Hund nicht nach!   3 Dreh dich um und geh weg; dann folgt der Hund!
4 Wie man dem Hund das Aufspringen abgewöhnt

## 21   Auch kleine Hunde können erzogen werden

Ein 2 Pfund schwerer Chihuahua und ein Dackel zeigen uns «Sitz!», Folgen bei Fuß
an der Leine und «Steh – Bleib da!»

**22    Der gut erzogene Hund im täglichen Leben**
Lucky, der berühmte Findling der Zeitschrift «Life», mit seiner Herrin, der «Life»-Photographin
Nina Leen. Lucky erhielt seine Erziehung durch den Verfasser

Richard Katz

# Von Hund zu Hund

Mit 34 Federzeichnungen von Helmar Becker-Berke. 7. Auflage. Leinen.

«...Richard Katz hat in seinem neuen Buch reinste Liebe zum Hund dokumen-
tiert – und das auf eine ganz reizende Art. Sein brasilianischer Vierbeiner, der
Boxer Nick, korrespondiert durch die Feder seines Herrn mit dem Schweizer
Scottie Seppli. Beide sind sich darüber einig, daß es nicht einfach ist, die zuge-
hörigen Zweibeiner zu dressieren. Humorvoll betrachtet Richard Katz sich und
andere Leute aus der Hundeperspektive, und am Ende ist dem Leser eines ganz
klar: daß unsere Vierbeiner nicht uns, sondern wir ihnen gehören – daß sie zwar
unsere Fehler betrübt registrieren, sich aber dennoch aus Liebe zum Menschen
zerreißen lassen, wenn es nottut. Jedem Hundefreund wird das Buch gute Laune
schenken!»                                                    Berliner Morgenblatt

Richard Katz

# Spaß mit Hunden

*Kunterbunte Hundekunde*

Mit 37 Federzeichnungen von Helmar Becker-Berke. 3. Auflage. Leinen.

«Ich habe schon viele Hobbies gehabt», schreibt Richard Katz seinem Verleger.
«Nur *einem* aber bin ich mein Leben lang treu geblieben: dem Hund. Was wohl
daher kommt, daß nichts mir so treu geblieben ist wie er. Lebte ein Hund so lange
wie ein Mensch, könnte ich nur von *einem* erzählen. Da aber sein Leben um so
viel kürzer ist als das unsere, kann ich hier so mancher Gefährten trüber und
heiterer Stunden gedenken, die neben mir hergetrabt sind.
Wenn ich mich auf weiter Fahrt einsam fühlte, habe ich mich mehr nach einem
Hund gesehnt als nach einem Menschen. Doch davon sei nicht die Rede, denn
dies ist ein heiteres Buch, dem fröhlichen Wesen des Hundes gemäß, den uns die
Vorsehung als Sorgenbrecher geschenkt hat.»

ALBERT MÜLLER VERLAG
RÜSCHLIKON-ZÜRICH · STUTTGART · WIEN

Juliette de Bairacli-Levy

# Die Aufzucht junger Hunde

*nach natürlichen Methoden*

Mit 8 Photos auf Kunstdrucktafeln. 6. Auflage. Glasierter Pappband.

«Wem das Wohl seines vierbeinigen Freundes wahrhaft am Herzen liegt, der sollte sich mit diesem Werk einer Züchterin vertraut machen, das dem Zwecke dient, Widerstandsfähigkeit, Leistungsfähigkeit und Gesundheit des Hundes zu heben. Hier handelt es sich nicht um Schreibtischweisheit, sondern um das Ergebnis zehnjähriger Erfahrung.»                Luzerner Tagblatt

Juliette de Bairacli-Levy

# Die Heilung kranker Hunde

*nach natürlichen Methoden*

Mit besonderer Berücksichtigung der Heilpflanzen.
Geleitwort von Prof. Dr. H. Graf. 2. Auflage. Glasierter Pappband.

Da die Mehrzahl unserer Hunde widernatürlich aufgezogen, ernährt und gehalten wird, sind viele Hunde krank. Diesem Übelstand will das vorliegende Buch abhelfen. Mit ihren natürlichen Behandlungsmethoden hat die Verfasserin selbst bei schweren Krankheitsfällen, unter anderem bei Staupe, erstaunliche Erfolge erzielt. Der Hundehalter und -züchter, der ihre einfachen, wohlfeilen und leicht zu befolgenden Methoden benutzt, wird bald einen vollkommen gesunden Hund sein eigen nennen.

Juliette de Bairacli-Levy

# Die Heilung der Hundestaupe
# und der Hartballen-Krankheit

*durch natürliche Methoden*

Mit einem Vorwort von Dr. med. vet. F. Granderath, Berlin
Halbleinen.

«...Diese Bücher, in denen die bewährten Naturheilmethoden auf die Tierheilkunde übertragen werden, und die nur Behandlungsverfahren berücksichtigen, die sich der Verfasserin selbst in langjähriger Praxis als wirksam erwiesen, werden sicher weite Verbreitung finden.»                Spur des Lebendigen

ALBERT MÜLLER VERLAG
RÜSCHLIKON-ZÜRICH · STUTTGART · WIEN

24. —    S₃